영어
만능
문법 사전

영어 만능 문법 사전

발행일	2017년 1월 23일

지은이	이주홍, 박형제		
펴낸이	손 형 국		
펴낸곳	(주)북랩		
편집인	선일영	편집	이종무, 권유선, 송재병
디자인	이현수, 이정아, 김민하, 한수희	제작	박기성, 황동현, 구성우
마케팅	김회란, 박진관		
출판등록	2004. 12. 1(제2012-000051호)		
주소	서울시 금천구 가산디지털 1로 168, 우림라이온스밸리 B동 B113, 114호		
홈페이지	www.book.co.kr		
전화번호	(02)2026-5777	팩스	(02)2026-5747

ISBN	979-11-5987-400-0 43740 (종이책) 979-11-5987-401-7 45740 (전자책)

이 도서의 국립중앙도서관 출판예정도서목록(CIP)은 서지정보유통지원시스템 홈페이지(http://seoji. nl.go.kr)와 국가자료공동목록시스템(http://www.nl.go.kr/kolisnet)에서 이용하실 수 있습니다. (CIP제어번호: CIP2017001769)

국민 영문법!
영·만·사

영어
만능
문법 사전

이주홍 · 박형제 지음

북랩 book Lab

Preface

몇 년 전, 영어시험(내신/수능/토익 등) 준비를 위해 중/고/대학/일반인 분들이 영문법에 너무 많은 시간과 에너지를 소비하고 있는 것을 보고 **짧은 시간 내에 중요문법사항**들을 쉽게 익힐 수 있는 **암기법**을 개발 후, 『99단 영문법』이라는 제목으로 소량 출판했었습니다.

그 교재가 각종 영어시험에서 뛰어난 효과를 발휘해 작년에는 한 신문사에서 '**영어 교육부문**' 혁신대상을 수상하였습니다. 시간이 없으신 분은, PART 7의 『99단 영문법』 요약본'을 암기하는 것만으로도 **영문법의 뼈대**가 잡힐 것입니다.

이제 중요 문법 사항뿐 아니라, 시험에 출제되는 **거의 모든 문법사항**들에 대해 '**쉬운 암기법**'을 제공하는 『99단 영문법』의 개선 확장판 『**영어 만능 문법 사전(영만사)**』이 여러분의 영어시험에 큰 힘이 될 것입니다.

『**영만사**』는 다음과 같은 장점들을 가지고 있습니다.

1. 초/중/고/대학/일반, 내신/수능/토익/토플에 등장하는 **거의 모든 영문법과 관용 표현** 망라
2. 시험에 나오는 중요사항에 대한 **암기법** 제시로 **공부시간 대폭 단축**
3. 궁금한 **사항**이 생기면, **쉽게 찾아 바로 참고할 수 있는** 독특한 방식의 **사전식 편집**

필자는 7년간의 영국유학생활 동안 '**실용영어**'의 필요성을 절실히 느꼈습니다.

『**영만사**』로 인해, 현재 영문법공부에 과도하게 소비되고 있는 시간과 에너지가 '말하기/듣기'의 **실용영어**에 투자될 수 있기를 간절히 바랍니다.

CONTENTS

영 어　만 능　문 법　사 전

PART 1

스팩
『영어 만능 문법 사전』
이란?

1) '스팩'이란?

'점수 공장': 'Score Factory'

여기에서 'S'와 'Fac'을 따와 'SFac'으로 합성한 것

2) 『영어 만능 문법 사전』이란?

영어시험에 필요한 거의 모든 것(단어를 제외한 문법/용어 등)에 대해 **쉽고 명쾌한 설명**과 암기법을 담고 있는 『영만사』는 다음과 같은 **장점**들이 있다.

(1) 초/중/고/대학/일반, 내신/수능/토익/토플 등의 **영어시험에 등장하는 거의 모든 영** 문법과 **관용 표현 망라**

(2) 시험에 자주 출제되는 중요사항에 대한 **쉬운 암기법** 제시로, **영문법 공부시간 대폭** 단축

(3) 궁금한 사항이 생기면, **쉽게 찾아 바로 참고할 수 있는 독특한 방식의 사전식 편집**

(1. 기호순, 2. 'abc'순, 3. 'ㄱㄴㄷ'순)

3) 『영어 만능 문법 사전』 사용법

(1) 타이틀은 **기호, 알파벳, 한글순 정렬**

- 알파벳은 'abc'순
- 한글은 '한글 맞춤법 규정'에 따름

'한글 맞춤법 규정' 한글 자모음 배열 순서	
자음(19자)	ㄱㄲㄴㄷㄸㄹㅁㅂㅃㅅㅆㅇㅈㅉㅊㅋㅌㅍㅎ
모음(21자)	ㅏㅐㅑㅒㅓㅔㅕㅖㅗㅘㅙㅚㅛㅜㅝㅞㅟㅠㅡㅢㅣ
받침(27자)	ㄱㄲㄳㄴㄵㄶㄷㄹㄺㄻㄼㄽㄾㄿㅀㅁㅂㅄㅅㅆㅇㅈㅊㅋㅌㅍㅎ

(2) **타이틀**과 타이틀의 **구분**은 **굵은 실선**

(3) 각 타이틀은 **세 가지 방식**으로 서술

- 서술 내용이 **간단**한 경우: 타이틀 바로 아래에 번호 없이 서술
- **같은 무게**의 여러 사항에 대해 서술해야 하는 경우: 타이틀 바로 아래에 숫자를 붙여 서술
- **복잡한 개념**을 가진 타이틀의 경우: 타이틀 바로 아래에
  ① 정의, ② 기본형, ③ 용법, ④ 주의사항, ⑤ 예문 순으로 서술

(4) 각 타이틀의 마지막 부분에는 아래 내용을 따로 정리

<참고사항>: 타이틀 항목에 대한 참고사항

[주의사항]: 타이틀 항목에서 실수하기 쉬운 사항

[시험문법]: 시험에 자주 출제되는 꼭 알고 있어야 하는 사항

(5) 반드시 알고 있어야 하나, 잘 외워지지 않는 사항에 대해서는 **'영만사 암기법'** 제시

영 어   만 능   문 법   사 전

PART 2

기호 / 수

<> (angle brackets)

꺾음괄호

' (apostrophe)

1. 명사의 소유격

   예 teacher's advice

2. 동사의 축약형

   예문 I'm a doctor.

3. 문자나 숫자의 복수표현

   예문 Four 7's is too easy for the password.

: (colon)

1. 바로 앞에 있는 문장에 대한 설명
2. 바로 앞에 설명한 것의 목록
3. 편지에서 Dear + 명사 + 콜론

   예 Dear Sir:

[주의사항]

콜론 앞에는 완전한 문장이 와야 함

   예 I bought: apple, orange, and banana. (틀린 문장)

, (comma)

1. 글의 흐름을 잠시 멈추면서 보충설명
2. 셋 이상을 콤마로 나열할 때, 마지막에만 and를 씀

   예 A, B, and C

3. 동격의 콤마: 콤마를 중심으로 왼쪽과 오른쪽이 같음

<참고사항>

동격을 나타내는 방법: 콤마, of, that

{ } (curly brackets)

중괄호

— (dash)

1. 콤마를 대신하는 용도

2, 'hyphen'의 두 배 길이

! (exclamation mark)

감탄사나 감탄문 뒤에 사용

- (hyphen)

1. 줄이 바뀌면서 단어가 잘릴 때

2. 숫자 21(twenty-one)부터 99(ninety-nine)까지의 두 자리 수

3. 'dash'의 절반 길이

( ) ('parentheses' or 'round brackets')

소괄호

. ('period' or 'full stop')

1. 문장이 끝났다는 표시
2. 약어
3. 따옴표로 끝나는 문장은 따옴표 안에 마침표
4. 마침표로 끝나는 문장은 또 다른 마침표를 찍지 않음

? (question mark)

의문문 뒤에 사용

" " (quotation mark)

인용에 사용

; (semi colon)

밀접하게 관련된 독립절을 나열할 때 사용, '콤마'와 '피어리어드'의 중간 성격

/ (slash)

두 가지 항목을 모두 적용할 수 있다는 뜻

예 he / she

[ ] (square brackets)

대괄호

1형식 / 1문형 (문장의 형식)

1형식: 주어 + 완전자동사 (S + V)

예문 He runs.

<참고사항>

문장의 형식 용어 정리		
약어	영어	한국어
S	Subject	주어
V	Verb	동사
C	Complement	보어
O	Object	목적어
IO	Indirect Object	간접목적어
DO	Direct Object	직접목적어

2형식 / 2문형 (문장의 형식)

1. 2형식: 주어 + 불완전자동사 + 보어 (S + V + C)

   예문 He is smart.

2. 2형식 동사 다음에는 형용사가 옴

3. 2형식 동사

   1) be동사 부류(~한 상태를 유지하다): be동사, keep, remain, stay 등

   2) become동사 부류(~이 되다): become, get 등

   3) 감각동사 부류: look, smell, taste, sound, feel 등 (얼굴을 떠올림)

<참고사항>

문장의 형식 용어 정리		
약어	영어	한국어
S	**S**ubject	주어
V	**V**erb	동사
C	**C**omplement	보어
O	**O**bject	목적어
IO	**I**ndirect **O**bject	간접목적어
DO	**D**irect **O**bject	직접목적어

3인칭

인칭 별 요약			
	1인칭	2인칭	3인칭
설명	나/우리	너/너희들	1인칭/2인칭이 아닌 것
예시	I, we	you	he, she, it, they 등
주의사항	–	–	'단수 현재형', 동사에 s

3인칭 단수 현재형 동사

동사에 's'나 'es'를 붙임

[시험문법]

3인칭 단수 현재형 동사에 's' 붙이는 규칙 정리

일반적으로는 's'를 붙이나 아래와 같은 예외가 있음

1. **자와**: '자음 + y'로 끝나면 y를 i로 바꾸고 es

   예 stu**dy** - stud**ies**

2. o: 'o'로 끝나면 es

> 예 do - does

3. 스, 즈, 쉬, 취, 쥐: 발음이 이것으로 끝나면 es

> 예 teach - teaches

영만사 암기법

3인칭 단수 현재형 동사에 's' 붙이는 규칙 정리

1. 자와
2. o
3. 스, 즈, 쉬, 취, 쥐

3형식 / 3문형 (문장의 형식)

3형식: 주어 + 타동사 + 목적어 (S + V + O)

> 예문 I bought a car.

<참고사항>

문장의 형식 용어 정리		
약어	영어	한국어
S	Subject	주어
V	Verb	동사
C	Complement	보어
O	Object	목적어
IO	Indirect Object	간접목적어
DO	Direct Object	직접목적어

4형식 / 4문형 (문장의 형식)

4형식: 주어 + 동사 + 간접목적어 + 직접목적어 (S + V + IO + DO)

예문 I gave you the book.

<참고사항>

문장의 형식 용어 정리		
약어	영어	한국어
S	Subject	주어
V	Verb	동사
C	Complement	보어
O	Object	목적어
IO	Indirect Object	간접목적어
DO	Direct Object	직접목적어

[시험문법 1]

4형식 문장을 3형식 문장으로 만드는 용법 정리

1. 4형식 문장을 3형식 문장으로 만드는 순서

4형식 문장을 3형식 문장으로 만드는 순서	
1단계	간접목적어와 직접목적어의 **위치를 바꿈**
2단계	간접목적어 앞에 **to/for/of** 중 하나를 씀

(예)	
원문	I gave you the pen.
1단계	I gave **the pen you**.
2단계	I gave the pen **to** you.

2. 4형식 문장을 3형식 문장으로 만들 때, 간접목적어 앞에 쓰이는 **전치사별 동사 정리**

4형식 문장을 3형식 문장으로 만들 때, 간접목적어 앞에 쓰이는 전치사별 동사 정리	
전치사	동사
to	아래 예외적 경우를 제외한 **대부분의 동사**
for	make, choose, buy, do, find, cook, build 등
of	inquire, ask, require, beg 등

[시험문법 2]

영만사 암기법

4형식을 3형식으로 만들 때,
간접목적어 앞에 전치사 for를 쓰는 동사

메·츄·바·두·파·쿡·빌

make, choose, buy, do, find, cook, build

[시험문법 3]

영만사 암기법

4형식문장을 3형식문장으로 만들 때,
간접목적어 앞에 전치사 of를 쓰는 동사

인·애·리·벡

inquire, ask, require, beg

5형식/5문형 (문장의 형식)

5형식: 주어 + 불완전타동사 + 목적어 + 목적격보어 (S + V + O + OC)

예문 I made her smile.

<참고사항>

약어	영어		한국어
	문장의 형식 용어 정리		
S	**S**ubject		주어
V	**V**erb		동사
C	**C**omplement		보어
O	**O**bject		목적어
IO	**I**ndirect **O**bject		간접목적어
DO	**D**irect **O**bject		직접목적어

[시험문법]

'주어 + 동사 + 목적어 + to부정사' 형태를 이루는 5형식 동사

예 ask, allow, cause, compel, enable, encourage, force, persuade 등

예문 I **allowed** him **to** sing a song.

PART 3

알파벳

a

1. 부정관사: 명사 앞에 놓여서 가벼운 제한을 가하는 말

2. 셀 수 있는 명사(가산명사) 앞에 사용 가능

3. 모음 앞에는 'an'을 씀

<참고사항>

가산명사(셀 수 있는 명사): 집합명사, 보통명사

불가산명사(셀 수 없는 명사): 고유명사, 물질명사, 추상명사

[시험문법 1]

'a/an'의 사용은 알파벳이 아닌, 발음으로 결정

> 예 an honest boy, a European

[시험문법 2]

부정관사 'a/an'을 붙이는 경우

1. **막**연한 하나

> 예문 There is **a** pen on the desk.
>
> 책상 위에 펜이(막연한 하나) 있다.

2. **분명한** 하나

> 예문 Finish this job within **a** day.
>
> 이 일을 하루(분명한 하나) 안에 끝내라.

3. **같**은

> 예문 We are of **an** age.
>
> 우리는 같은 나이다.

4. **마다**

> 예문 I go there once **a** week.
>
> 나는 거기에 일주일마다 간다.

5. 어떤

예문 I met **a** Mr. Kim.

김씨 성을 가진 어떤 사람을 만났어.

6. 대표단수

예문 **A** dog is smart.

개라는 동물은 똑똑하다.

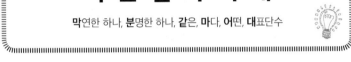

영만사 암기법

부정관사 a/an을 붙이는 경우

막·분·같·마·어·대

막연한 하나, 분명한 하나, **같은**, **마다**, **어떤**, **대표단수**

---

a few

1. 뜻: 몇몇의

2. 가산명사에 사용 (불가산명사에는 'a little' 사용)

3. 긍정적인 의미: 조금 있다

<참고사항>

가산명사(셀 수 있는 명사): 집합명사, 보통명사

불가산명사(셀 수 없는 명사): 고유명사, 물질명사, 추상명사

[시험문법]

	'few'와 'a few' 용법 정리
few	**부정적**인 의미로 부정어(not, no 등)가 없어도 부정어가 있는 것처럼 **'거의 없다'**로 해석
a few	**긍정적**인 의미로 **'몇몇의'**로 해석

a friend of mine

1. 뜻: 내 친구 중의 한명

2. 이중소유격

<참고사항 1>

이중소유격

한정사는 2개를 연속하여 쓸 수 없으므로, of와 소유대명사를 활용하여 표현한 것

> 예 내 친구 중 1명: a my friend(X), a friend of **mine**(O)

<참고사항 2>

한정사

1. 뜻: 명사 앞에서 명사를 제한하는 것

2. 2개를 연속해서 나열할 수 없음

3. 종류: 관사, 지시사, 양화사, 소유격

<참고사항 3>

관사: a / an / the

지시사: this / these / that / those …

양화사(수량을 나타내는 한정사): many / much / few / little / any / some / no / all / both …

소유격: my / your / his / her / its / our / their …

[시험문법]

이중소유격에서 of 뒤가 '소유대명사'

> 예 내 친구 중 1명: a friend of my(X), a friend of **mine**(O)

a great deal of

1. 뜻: 많은

2. 불가산명사에 사용하고 단수취급

[시험문법]

'많은'의 뜻을 가진 표현 정리		
조건	표현	주의사항
가산명사에 사용	a number of	복수취급
불가산명사에 사용	a great deal of	단수취급
가산명사/ 불가산명사에 사용	a lot of, lots of, plenty of	뒤에 **불가산명사**가 오면 **단수취급**, **가산명사**가 오면 **복수취급**

a little

1. 뜻: 조금 있는

2. 불가산명사에 사용 (가산명사에는 'a few' 사용)

3. 긍정적인 의미: 조금 있다

<참고사항>

가산명사(셀 수 있는 명사): 집합명사, 보통명사

불가산명사(셀 수 없는 명사): 고유명사, 물질명사, 추상명사

[시험문법]

'little'과 'a little' 용법 정리	
little	**부정적**인 의미로 부정어(not, no 등)가 없어도 부정어가 있는 것처럼 **'거의 없다'**로 해석
a little	**긍정적**인 의미로 **'조금 있다'**로 해석

a lot of

1. 뜻: 많은

2. 가산명사/불가산명사 모두에 사용 가능

[시험문법]

'많은'의 뜻을 가진 표현 정리		
조건	표현	주의사항
가산명사에 사용	a number of	복수취급
불가산명사에 사용	a great deal of	단수취급
가산명사/ 불가산명사에 사용	a lot of, lots of, plenty of	뒤에 **불가산명사**가 오면 **단수취급**, **가산명사**가 오면 **복수취급**

a number of

1. 뜻: 많은

2. 가산명사에 사용하고 복수취급

[시험문법 1]

'the number of'는 '그 수'라고 해석하고, 단수취급

[시험문법 2]

'많은'의 뜻을 가진 표현 정리		
조건	표현	주의사항
가산명사에 사용	a number of	복수취급
불가산명사에 사용	a great deal of	단수취급
가산명사/ 불가산명사에 사용	a lot of, lots of, plenty of	뒤에 **불가산명사**가 오면 **단수취급**, **가산명사**가 오면 **복수취급**

a variety of

다양한

above all

우선

according to

~에 따르면

account for

차지하다, 설명하다

act for

~의 대리 역할을 하다

adapt

적응하다

<참고사항>

adopt: 채택하다, 입양하다

add to

~을 증가시키다

adopt

채택하다, 입양하다

<참고사항>

adapt: 적응하다

advise

1. 뜻: 충고하다, 조언하다

2. advise 뒤에 that절이 오면, that절 안에 should를 써야 하고 이 should는 생략 가능 (Should 특별용법 1)

3. should가 생략된 후에도, should 뒤에 있던 동사는 **동사원형**을 써야 함

[시험문법 1]

Should 특별용법 1

1. '**제**안(suggest)/**주**장(insist)/**요**구(demand)/**조**언(advise)/**명**령(order)'의 뜻을 가진 동사 다음에 오는 that절에는 should를 써야 하고, 이 should는 생략 가능

2. should가 생략된 후에도, should 뒤에 있던 동사는 **동사원형**을 써야 함

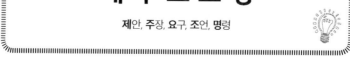

영만사 암기법

Should 특별용법 1

제·주·요·조·명

제안, 주장, 요구, 조언, 명령

[시험문법 2]

Should 특별용법 2

1. '**중요**(important)/**필요**(necessary)/**의무**(imperative)/**긴급**(urgent)/**당연**(natural)'의 뜻을 가진 형용
   사 다음에 오는 that절에는 should를 써야 하고, 이 should는 생략 가능
2. should가 생략된 후에도, should 뒤에 있던 동사는 **동사원형**을 써야 함

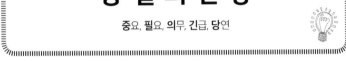

영만사 암기법

Should 특별용법 2

중·필·의·긴·당

중요, 필요, 의무, 긴급, 당연

---

afford to

~할 여유가 있다

---

after all

(예상과는 달리) 결국에는

---

ahead of

~보다 앞서

all

1. 뜻: 모두(명사), 모든(형용사)
2. 용법
   1) all (of) + 단수명사: 단수취급
   2) all (of) + 복수명사: 복수취급

[주의사항]

뒤에 오는 명사의 수에 따라 단수/복수가 정해지는 표현 정리		
	뒤에 오는 명사의 수	단수취급/복수취급
all (of) **most** (of) **some of**	+ 단수명사	단수취급
	+ 복수명사	복수취급

[시험문법]

비교급을 이용한 최상급 표현에서의 'all'

비교급 + than + **all** the (other) + **복수명사**

all at once

갑자기

all but

거의

all the same

그래도 역시

all the time

항상

allow

allow A to B: A에게 B하도록 허락하다

[시험문법]

'주어 + 동사 + 목적어 + to부정사' 형태를 이루는 5형식 동사

> 예 ask, allow, cause, compel, enable, encourage, force, persuade 등

> 예문 I **allowed** him **to** sing a song.

along with

~와 함께, ~을 따라

although

1. 뜻: (이미 일어난 사실이) ~임에도 불구하고

2. 뒤에 **절**이 와야 함

3. 같은 뜻의 **despite, in spite of**는 뒤에 **구**가 와야 함

<참고사항>

'비록 ~일지라도' / '~임에도 불구하고'라는 의미를 가진 단어 / 표현 정리	
though	구어표현에 주로 쓰임
although	'though'보다 강하고 문어적 표현
even though	'although'보다 강한 표현
even if	위의 1~3은 '사실이 이미 ~임에도 불구하고', 'even if'는 '가정해서(사실이 아님) ~임에도 불구하고'

예문 **Even though** he failed the exam, he did not give up. (시험에 실패했다는 것은 **이미 일어난 사실**)

Even if he fails the exam, he will not cry. (시험에 실패한 것은 **아직 일어나지 않은 가정**)

---

among

1. 뜻: ~사이

2. 셋 이상에 사용

<참고사항>

둘일 경우는 between

---

an

1. 부정관사: 명사 앞에 놓여서 가벼운 제한을 가하는 말

2. 모음 앞에 'a' 대신 'an'을 씀

3. 셀 수 있는 명사(가산명사) 앞에 사용 가능

<참고사항>

가산명사(셀 수 있는 명사): 집합명사, 보통명사

불가산명사(셀 수 없는 명사): 고유명사, 물질명사, 추상명사

[시험문법 1]

a/an 의 사용은 알파벳이 아닌, 발음으로 결정

예 an honest boy, a European

[시험문법 2]

부정관사 a/an 을 붙이는 경우

1. **막**연한 하나

예문 There is **a** pen on the desk.

책상 위에 펜이(막연한 하나) 있다.

2. **분**명한 하나

예문 Finish this job within **a** day.

이 일을 하루(분명한 하나) 안에 끝내라.

3. **같**은

예문 We are of **an** age.

우리는 같은 나이다.

4. **마**다

예문 I go there once **a** week.

나는 거기에 일주일마다 간다.

5. **어**떤

예문 I met **a** Mr. Kim.

김씨 성을 가진 어떤 사람을 만났어.

6. **대**표단수

예문 **A** dog is smart.

개라는 동물은 똑똑하다.

영만사 암기법

부정관사 a/an을 붙이는 경우

막·분·같·마·어·대

막연한 하나, **분**명한 하나, **같**은, **마**다, **어**떤, **대**표단수

and

셋 이상을 콤마로 나열할 때, 마지막에만 and를 씀

예 A, B, and C

and so on

기타 등등

another

다른 하나

[시험문법]

분류를 나타내는 표현 정리

1. 원소를 하나씩 분류

원소를 하나씩 분류		
	집합 2개	**집합 3개**
원소 2개인 경우	one, the other	–
원소 3개인 경우	one, the others	one, another, the other
원소 4개 이상인 경우	one, the others	one, another, the others

2. 원소를 여러 개씩 묶어서 분류

원소를 여러 개씩 묶어서 분류		
	집합 2개	**집합 3개**
범위가 명확하지 않은 모집단	some, others	some, others, still others
범위가 명확한 모집단	some, the others	some, others, still the others

answer for

~을 책임지다

any

1. 뜻: 어떤

2. not + any = no

[시험문법]

비교급을 이용한 최상급 표현에서의 'any'

비교급 + than + **any** other + **단수명사**

apart from

~은 제쳐놓고

apply oneself to

~에 전념하다

apply for

~에 지원하다

apply to

~에 적용되다

arise

1. 뜻: 발생하다(자동사)

2. arise(원형) – arose(과거형) – arisen(과거분사형)

[주의사항]

비슷한 형태의 동사와 그 시제 변화형			
현재형	과거형	과거분사형	종류
arise 발생하다	arose	arisen	자동사
raise 기르다	raised	raised	타동사
rise 떠오르다	rose	risen	자동사

as

1. 뜻: ~**처**럼, ~**로**서, **때**, **때**문에, ~**함**에 따라

2. 전치사 또는 접속사로 쓰임

3. 원급비교: as A as B (B만큼 A한)

4. 배수표현: 배수사 as A as B (B만큼 ~배 A한)

5. as A as 주어 + can: 가능한 한 A하게 (= as A as possible)

6. 어순: **as**형어명 (as + 형용사 + a/an + 명사) (how/so 어순과 같음)

[시험문법 1]

as의 5가지 뜻

영만사 암기법

as의 5가지 뜻

처·로·때·때·함

~**처**럼, ~**로**서, **때**, **때**문에, ~**함**에 따라

[시험문법 2]

'형용사 + a/an + 명사' 어순 정리(명사가 복수형일 때는 a/an 제외)		
종류	암기법	용법
as	as형어명	as + 형용사 + a/an + 명사
how	how형어명	how + 형용사 + a/an + 명사
so	so형어명	so + 형용사 + a/an + 명사

[시험문법 3]

'a/an + 형용사 + 명사' 어순 정리(명사가 복수형일 때는 a/an 제외)		
종류	암기법	용법
such	such어형명	such + a/an + 형용사 + 명사
what	what어형명	what + a/an + 형용사 + 명사

as a matter of fact

실은

as a result

결과적으로(= as a result = consequently = so = therefore = thus)

as a whole

전반적으로

as far as

~만큼

as for

~에 대해서는

as if (= as though)

1. 뜻: 마치 ~처럼
2. 가정법으로, 현재 상황이면 'as if + 주어 + 과거동사', 과거 상황이면 'as if + 주어 + had + 과거분사'

as it were

말하자면

as long as

~하는 한

as soon as

~하자마자(= on ~ing)

as though (= as if)

1. 뜻: 마치 ~처럼
2. 가정법으로, 현재 상황이면 'as if + 주어 + 과거동사', 과거 상황이면 'as if + 주어 + had + 과거분사'

as to

~에 대한

as usual

평소처럼

as well

또한

as well as

1. B as well as A: A 뿐만 아니라 B도

2. B에 **수 일치** (B가 단수면 단수취급, B가 복수면 복수취급)

[시험문법]

B에 수 일치시키는 표현 정리	
B as well as A	A뿐만 아니라 **B**도
not A but **B**	A가 아니라 **B**
not only A but also **B**	A뿐만 아니라 **B**도
A or **B**	A 또는 **B**

aside from

~은 제쳐놓고

ask

질문하다, 요청하다

[시험문법]

'주어 + 동사 + 목적어 + to부정사' 형태를 이루는 5형식 동사

예 ask, allow, cause, compel, enable, encourage, force, persuade 등

예문 I **allowed** him **to** sing a song.

ask for

~을 요청하다

at all costs

반드시

at any rate

좌우간에

at hand

가까이에

at home

편안한

at last

마침내(= after all)

at least

적어도

at once

즉시

at present

현재는

at that time

그때

at the cost(expense) of

~을 희생하여

at the same time

동시에

at times

때때로

bad

1. 뜻: 나쁜

2. bad(원급) - worse(비교급) - worst(최상급)

barely

1. **준부정어**: 부정어(not, never 등)가 아니면서도 부정으로 해석되는 것

2. 해석: 거의 ~하지 않다

[시험문법]

준부정어 단어 정리

barely, hardly, rarely, scarcely, seldom

based on

1. 뜻: ~에 근거하면

2. 분사이지만, 뒤에 **명사**가 오는 **전치사처럼 활용**됨

<참고사항>

전치사처럼 활용되는 분사 정리	
based on	~에 근거하면
concerning	~에 관해서
considering	~을 고려할 때
depending on	~에 따라

given	~을 고려할 때
including	~을 포함하여
regarding	~에 관해서

b

be about to

막 ~하려고 하다

be apt to

~하는 경향이 있다

be absorbed in

~에 열중하다

be accustomed to

~에 익숙하다

be allowed to

~하도록 허락되다

be anxious to

~하기를 열망하다

be aware of

~을 인식하다

be busy

be busy ~ing: ~하는데 바쁘다

be committed to + 동명사

be committed to + 명사/동명사: ~에 전념하다

be composed of

~로 구성되다

be concerned about

~에 대해 걱정하다

be concerned of

~을 확신하다

be considered

be considered A: A로 여겨지다

be eager to

몹시 ~하고 싶다

be encouraged to

~하도록 장려되다

be equal to

~과 같다

be famous for

~로 유명하다

be filled with

~로 가득 차다

be full of

~로 가득 차다

be good at

~을 잘하다

be inclined to

~하는 경향이 있다

be interested in

~에 흥미를 갖다

be involved in

~에 관련되다

be known

뒤에 오는 단어에 따라 뜻이 여러 가지임에 주의

known이 들어간 관용 표현 정리	
be known **as**	~라고 알려지다
be known **by**	~에 의해 알 수 있다
be known **for**	~으로 잘 알려져 있다
be known **to** + (대)명사	~에게 알려지다
be known **to** + 동사원형	~한다고 알려져 있다

be likely to

~할 것 같다

b

be made from

1. 뜻: ~로 만들어지다

2. 화학적 변화

[시험문법]

'~로 만들어지다' 표현 정리	
be made **from**	화학적 변화
be made **of**	물리적 변화

be made of

1. 뜻: ~로 만들어지다

2. 물리적 변화

[시험문법]

'~로 만들어지다' 표현 정리	
be made **from**	화학적 변화
be made **of**	물리적 변화

be made up of

~로 구성되다

be on the verge of

~하기 직전의

be responsible for

~에 책임을 지다

be sick of

~에 싫증나다

be similar to

~와 유사하다

be supposed to

~하기로 되어 있다

be sure to

반드시 ~하다

be tired of

~에 싫증나다

be told to

~하라는 말을 듣다

be used to

1. be used to + 동사원형: ~하기 위해 사용되다 (to부정사 **부사적 용법** 중 '**목적**': **투부목**)

2. be used to + '~ing': ~하는데 익숙하다

[시험문법]

'used to'가 들어있는 표현 정리	
be used to + **동사원형**	~하기 위해 사용되다 (to부정사 **부사적 용법** 중 '**목적**': **투부목**)
be used to + '**~ing**'	~하는데 익숙하다
used to + **동사원형**	~하곤 했다 (앞에 be동사가 없음에 주의)

be willing to

기꺼이 ~하다

be worried about

~에 대해 걱정하다

because

1. 뜻: ~때문에

2. 다음에 절이 옴

<참고사항>

'~ 때문에'를 뜻하는 표현 정리

on account of = because of = due to = thanks to = owing to

[시험문법]

because + 절, because of + 명사(구)

because of

1. 뜻: ~때문에
2. 다음에 명사(구)가 옴

before long

오래지 않아

besides

게다가

<참고사항>

'beside'는 '~의 옆에'라는 뜻

between

1. 뜻: ~사이
2. 둘에 사용

<참고사항>

셋 이상일 경우는 among

both

1. both A and B: A B 둘 다
2. 복수취급

[시험문법]

항상 단수취급하는 경우와 항상 복수취급하는 경우 정리	
항상 단수취급	**each** + 명사, **every** + 명사
항상 복수취급	**both** A and B

break down

고장나다

break out

(전쟁, 질병, 화재 등)이 갑자기 발생하다

bring about

~을 유발하다

bring up

양육하다

burst into

갑자기 ~하다

by + 때

~까지

[주의사항]

by와 until 용법 정리	
by + 때	그 시간 **전에** 행동이나 상태가 **끝나도 됨**
until + 때	그 시간까지 행동이나 상태가 **계속됨**

by accident

우연히

by all means

반드시

by chance

우연히

by means of

~에 의해서

by no means

결코 ~이 아니다

by oneself

혼자서

예 by himself 그 혼자서, by myself 나 혼자서

[주의사항]

'oneself' 표현 정리	
beside oneself	제정신이 아닌
between ourselves	우리끼리 얘긴데
by oneself	혼자서
for oneself	혼자 힘으로
in itself	본래, 그 자체
in spite of oneself	자신도 모르게
of oneself	저절로

by the time

~할 때쯤

by way of

~을 경유하여

call for

~을 요구하다

call off

취소하다

call on

방문하다, 요구하다

can

1. 기본 뜻: 할 수 있다

2. 기타 뜻: **추측**(아마 ~일 것이다), **허가**(~해도 좋다), **요청**(~해주세요)

[주의사항]

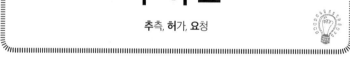

영만사 암기법

can의 여러 가지 의미

추·허·요

추측, 허가, 요청

can not but + 동사원형

~하지 않을 수 없다

[시험문법]

'~하지 않을 수 없다' 표현 정리

can not but + 동사원형 = can not help + ~ing = have no choice but to + 동사원형

can have p.p

~했을 리가 없다

[시험문법]

'조동사 + have + 과거분사' 정리	
can not have p.p	~했을 리가 없다
could have p.p	~했었을 수도 있었는데, **하지 않았다**
could not have p.p	~을 시도했었어도 불가능했다
may have p.p	~했을지도 모른다
might have p.p	~했을지도 모른다 (may보다 약한 뜻)
must have p.p	~이었음에 틀림없다
should have p.p	~했어야 했었는데, 하지 않았다 (그 당시에 아예 **시도하지 않았다**)
would have p.p	~했어야 했었는데, 하지 못했다 (그 당시에 **시도했으나, 안됐다**)

can not help + ~ing

~하지 않을 수 없다

[시험문법]

'~하지 않을 수 없다' 표현 정리

can not but + 동사원형 = can not help + ~ing = have no choice but to + 동사원형

care for

~를 돌보다

carry on

~을 계속하다

carry out

수행하다

catch up with

~을 따라잡다

cause

cause A to B: A가 B하도록 하다

[시험문법]

'주어 + 동사 + 목적어 + to부정사' 형태를 이루는 5형식 동사

예 ask, allow, cause, compel, enable, encourage, force, persuade 등

예문 I **allowed** him **to** sing a song.

close, closely

1. 뜻: 가까운(형용사), 가까이에(부사)

2. 형용사, 부사가 같은 형태임에 주의 (closely: 면밀히)

[시험문법]

형용사와 부사 형태가 같은 단어 정리			
단어	형용사 뜻	부사 뜻	'ly'가 붙어 **전혀 다른 뜻**이 되는 경우
close	가까운	가까이에	closely: 면밀히
early	이른	일찍	
enough	충분한	충분히	
far	먼	멀리	
fast	빠른	빠르게	
hard	어려운, 단단한	열심히	hardly: 거의 ~않다 (준부정어)
high	높은	높게	highly: 매우
just	올바른	방금	justly: 공정하게
late	늦은	늦게	lately: 최근에
long	긴	오래	
low	낮은	낮게	
much	많은	많이	
near	가까운	가까이에	nearly: 거의

come across

우연히 마주치다, 우연히 발견하다

come by

방문하다, 획득하다

come to + 동사

~하게 되다

come to + 명사(동명사)

come to + 명사/동명사: ~에 이르다

come true

실현되다

come up to

~에게 다가가다

come up with

(해답)을 찾아내다

compare A to B

A를 B에 비유하다

compare A with B

A를 B와 비교하다

compel

강요하다

[시험문법]

'주어 + 동사 + 목적어 + to부정사' 형태를 이루는 5형식 동사

> **예** ask, allow, cause, compel, enable, encourage, force, persuade 등

> **예문** I **allowed** him **to** sing a song.

concerning

1. 뜻: ~에 관해서

2. 분사지만, 뒤에 **명사**가 오는 **전치사처럼 활용**됨

<참고사항>

전치사처럼 활용되는 분사 정리	
based on	~에 근거하면
concerning	~에 관해서
considering	~을 고려할 때
depending on	~에 따라
given	~을 고려할 때
including	~을 포함하여
regarding	~에 관해서

conform to

~에 순응하다 (여기서 to는 전치사, 뒤에 '명사/동명사'가 와야 함)

consequently

결과적으로(= as a result = consequently = so = therefore = thus)

considering

1. 뜻: ~을 고려할 때

2. 분사이지만, 뒤에 명사가 오는 **전치사처럼 활용**됨

<참고사항>

전치사처럼 활용되는 분사 정리	
based on	~에 근거하면
concerning	~에 관해서
considering	~을 고려할 때
depending on	~에 따라
given	~을 고려할 때
including	~을 포함하여
regarding	~에 관해서

consist in

~에 있다

consist of

1. 뜻: ~로 구성되다(= be composed of = be made up of)

2. **수동대기 이님에 주의**

contribute to

~에 공헌하다

could have p.p

~했었을 수도 있었는데, 하지 않았다

[시험문법]

'조동사 + have + 과거분사' 정리	
can not have p.p	~했을 리가 없다
could have p.p	~했었을 수도 있었는데, **하지 않았다**
could not have p.p	~을 시도했었어도 불가능했다
may have p.p	~했을지도 모른다
might have p.p	~했을지도 모른다 (may보다 약한 뜻)
must have p.p	~이었음에 틀림없다
should have p.p	~했어야 했었는데, 하지 않았다 (그 당시에 아예 **시도하지 않았다**)
would have p.p	~했어야 했었는데, 하지 못했다 (그 당시에 **시도했으나, 안됐다**)

could not have p.p

~을 시도했어도 불가능했다

[시험문법]

'조동사 + have + 과거분사' 정리	
can not have p.p	~했을 리가 없다
could have p.p	~했었을 수도 있었는데, **하지 않았다**
could not have p.p	~을 시도했었어도 불가능했다
may have p.p	~했을지도 모른다
might have p.p	~했을지도 모른다 (may보다 약한 뜻)
must have p.p	~이었음에 틀림없다
should have p.p	~했어야 했었는데, 하지 않았다 (그 당시에 아예 **시도하지 않았다**)
would have p.p	~했어야 했었는데, 하지 못했다 (그 당시에 **시도했으나, 안됐다**)

count on

~에 의지하다

---

deal with

~을 다루다

---

demand

1. 뜻: 요구하다

2. demand 뒤에 that절이 오면, that절 안에 should를 써야 하고, 이 should는 생략 가능 (should 특별용법 1)

3. should가 생략된 후에도, should 뒤에 있던 동사는 동사원형을 써야 함

[시험문법 1]

Should 특별용법 1

1. '**제안**(suggest)/**주장**(insist)/**요구**(demand)/**조언**(advise)/**명령**(order)'의 뜻을 가진 동사 다음에 오는 that절에는 should를 써야 하고, 이 should는 생략 가능

2. should가 생략된 후에도, should 뒤에 있던 동사는 **동사원형**을 써야 함

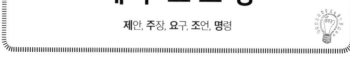

영만사 암기법

Should 특별용법 1

제·주·요·조·명

제안, 주장, 요구, 조언, 명령

[시험문법 2]

Should 특별용법 2

1. '**중요**(important)/**필요**(necessary)/**의무**(imperative)/**긴급**(urgent)/**당연**(natural)'의 뜻을 가진 형용
   사 다음에 오는 that절에는 should를 써야 하고, 이 should는 생략 가능
2. should가 생략된 후에도, should 뒤에 있던 동사는 **동사원형**을 써야 함

영만사 암기법

Should 특별용법 2

중·필·의·긴·당

중요, 필요, 의무, 긴급, 당연

depend on

~에 의지하다

depending on

1. 뜻: ~에 따라
2. 분사이지만, 뒤에 **명사**가 오는 **전치사처럼 활용**됨

<참고사항>

전치사처럼 활용되는 분사 정리	
based on	~에 근거하면
concerning	~에 관해서
considering	~을 고려할 때
depending on	~에 따라
given	~을 고려할 때
including	~을 포함하여
regarding	~에 관해서

despite

1. 뜻: 비록 ~일지라도

2. 뒤에 명사(구)가 와야 함

3. 같은 뜻의 though, although, even though, even if는 뒤에 구가 와야 함

<참고사항>

'비록 ~일지라도' / '~임에도 불구하고'라는 의미를 가진 단어 / 표현 정리	
though	구어표현에 주로 쓰임
although	'though'보다 강하고 문어적 표현
even though	'although'보다 강한 표현
even if	위의 1~3은 '사실이 이미 ~임에도 불구하고', 'even if'는 '가정해서(사실이 아님) ~임에도 불구하고'

예문 **Even though** he failed the exam, he did not give up. (시험에 실패했다는 것은 **이미 일어난 사실**)

Even if he fails the exam, he will not cry. (시험에 실패한 것은 **아직 일어나지 않은 가정**)

dispense with

~없이 지내다

do

1. 뜻: ~하다(타동사로 쓰일 때), 충분하다(자동사로 쓰일 때)

2. do(원형) - did(과거형) - done(과거분사형)

3. 3인칭 단수 현재형 주어에는 does를 씀

4. 일반동사 의문문 만들 때 사용

5. 일반동사 부정문 만들 때 사용

6. **강조의 do**: 동사의 뜻을 강조하기 위해 강조하고자 하는 동사 바로 앞에 do(does/ did)쓰고, 그 뒤에 동사원형

예문 I **did** finish my homework. (did는 finish를 강조하기 위해 쓰였고, did는 생략 가능하며 생략하면 finish
가 finished로 바뀌어야 함)

7. **대동사 do**: 앞에 나온 동사의 반복을 피하기 위해, 반복되는 동사 대신 do(does/did)
를 씀

예문 Did you finish your homework?

Yes, I **did**. (did가 finish를 대신하는 대동사로 쓰임)

[시험문법]

'do'의 중요 용법 정리	
강조의 do	동사의 뜻을 강조하기 위해 강조하고자 하는 동사 바로 앞에 do(does/did)를 쓰고, 그 뒤에 동사원형
대동사 do	앞에 나온 동사의 반복을 피하기 위해, 반복되는 동사 대신 do(does/did)를 씀

---

do A a favor

A의 부탁을 들어주다

---

do away with

~을 폐지하다

---

do good

좋은 영향을 미치다

---

do harm

해를 끼치다

don't have to

~할 필요가 없다

[주의사항]

don't have to: ~할 필요가 없다, must not: ~하지 말아야 한다

do without

~없이 지내다

dozen

1. 뜻: 12개 한 묶음

2. dozens of: 수십의 (복수형 's'에 주의)

[시험문법]

대략적인 숫자를 나타내는 표현 정리	
수십의	dozens of
수백의	hundreds of
수천의	thousands of
수백만의	millions of

drop in

~에 잠깐 방문하다

due to

1. 뜻: ~때문에

2. 다음에 명사(구)가 옴

<참고사항>

'~ 때문에'를 뜻하는 표현 정리

on account of = because of = due to = thanks to = owing to

during

뜻: ~동안

[시험문법]

for와 during 용법 정리	
for(~동안)	how long(얼마나 오랫동안)에 대한 **답이고, 보통 뒤에 숫자가 옴** 예 for 4 months
during(~동안)	when(언제)에 대한 **답** 예 during the holiday season

each

1. 뜻: 각각

2. 단수취급

[시험문법]

항상 단수취급하는 경우와 항상 복수취급하는 경우 정리	
항상 단수취급	**each** + 명사, **every** + 명사
항상 복수취급	**both** A and B

each other

(둘일 때) 서로

[시험문법]

'서로' 표현 정리	
둘일 때	each other
셋 이상일 때	one another

-ee

직업/지위를 나타내는 접미사 중 하나

> 예 employee

[주의사항]

직업/지위를 나타내는 접미사 정리	
-ee	예 employee, interviewee, trainee 등
-er	예 player, singer, teacher 등
-ess	예 actress, princess, stewardess 등
-ian	예 electrician, magician, physician 등
-ist	예 artist, biologist, scientist 등
-or	예 doctor, sailor, tailor 등

either

1. either A or B: A 또는 B

2. B에 **수일치**(B가 단수면 동사 단수형, B가 복수면 동사 복수형)

[시험문법 1]

neither A nor B: A도 아니고 B도 아니다

[시험문법 2]

B에 수 일치시키는 표현 정리	
B as well as A	A뿐만 아니라 **B**도
not A but **B**	A가 아니라 **B**
not only A but also **B**	A뿐만 아니라 **B**도
A or **B**	A 또는 **B**

enable

enable A to B: A에게 B할 수 있게 하다

[시험문법]

'주어 + 동사 + 목적어 + to부정사' 형태를 이루는 5형식 동사

> **예** ask, allow, cause, compel, enable, encourage, force, persuade 등

> **예문** I **allowed** him **to** sing a song.

encourage

1. encourage A to B: A가 B하도록 용기를 북돋다

2. be encouraged to: ~하도록 장려되다

engage in

~에 종사하다

71

enough

1. 뜻: 충분한

2. 명사는 앞에서 수식, 형용사는 뒤에서 수식

   예 enough food, long enough

3. enough to: '~하기에 충분하다'라는 의미로, 'so + 형 + that + 주 + can'(소형댓주캔) 으로 바꿔 쓸 수 있음

[시험문법]

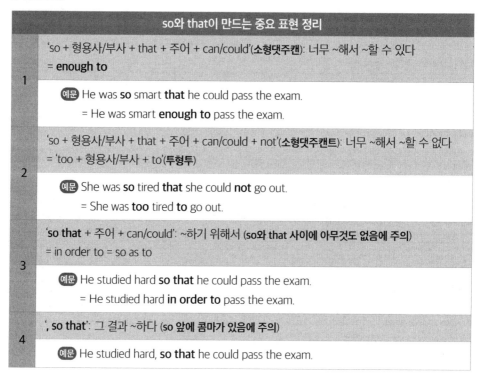

	so와 that이 만드는 중요 표현 정리
1	'so + 형용사/부사 + that + 주어 + can/could'(**소형댓주캔**): 너무 ~해서 ~할 수 있다 = **enough to** 예문 He was **so** smart **that** he could pass the exam. 　　= He was smart **enough to** pass the exam.
2	'so + 형용사/부사 + that + 주어 + can/could + not'(**소형댓주캔트**): 너무 ~해서 ~할 수 없다 = 'too + 형용사/부사 + to'(**투형투**) 예문 She was **so** tired **that** she could **not** go out. 　　= She was **too** tired **to** go out.
3	'so that + 주어 + can/could': ~하기 위해서 (**so와 that 사이에 아무것도 없음에 주의**) = in order to = so as to 예문 He studied hard **so that** he could pass the exam. 　　= He studied hard **in order to** pass the exam.
4	', so that': 그 결과 ~하다 (**so 앞에 콤마가 있음에 주의**) 예문 He studied hard, **so that** he could pass the exam.

enter

들어가다(뒤에 전치사 없음)

enter into

시작하다

-er

직업/지위를 나타내는 접미사 중 하나

예 singer

[주의사항]

직업/지위를 나타내는 접미사 정리	
-ee	예 employee, interviewee, trainee 등
-er	예 player, singer, teacher 등
-ess	예 actress, princess, stewardess 등
-ian	예 electrician, magician, physician 등
-ist	예 artist, biologist, scientist 등
-or	예 doctor, sailor, tailor 등

-ess

직업/지위를 나타내는 접미사 중 하나

예 actress

[주의사항]

직업/지위를 나타내는 접미사 정리	
-ee	예 employee, interviewee, trainee 등
-er	예 player, singer, teacher 등
-ess	예 actress, princess, stewardess 등
-ian	예 electrician, magician, physician 등
-ist	예 artist, biologist, scientist 등
-or	예 doctor, sailor, tailor 등

even if

1. 뜻: (가정해서) ~임에도 불구하고

2. 뒤에 절이 와야 함

3. 같은 뜻의 despite, in spite of는 뒤에 구가 와야 함

<참고사항>

'비록 ~일지라도' / '~임에도 불구하고'라는 의미를 가진 단어 / 표현 정리	
though	구어표현에 주로 쓰임
although	'though'보다 강하고 문어적 표현
even though	'although'보다 강한 표현
even if	위의 1~3은 '사실이 이미 ~임에도 불구하고', 'even if'는 '가정해서(사실이 아님) ~임에도 불구하고'

예문 **Even though** he failed the exam, he did not give up. (시험에 실패했다는 것은 **이미 일어난 사실**)

Even if he fails the exam, he will not cry. (시험에 실패한 것은 **아직 일어나지 않은 가정**)

even though

1. 뜻: (이미 일어난 사실이) ~임에도 불구하고

2. 뒤에 절이 와야 함

3. 같은 뜻의 despite, in spite of는 뒤에 구가 와야 함

<참고사항>

'비록 ~일지라도' / '~임에도 불구하고'라는 의미를 가진 단어 / 표현 정리	
though	구어표현에 주로 쓰임
although	'though'보다 강하고 문어적 표현
even though	'although'보다 강한 표현
even if	위의 1~3은 '사실이 이미 ~임에도 불구하고', 'even if'는 '가정해서(사실이 아님) ~임에도 불구하고'

> **예문** **Even though** he failed the exam, he did not give up. (시험에 실패했다는 것은 **이미 일어난 사실**)
>
> **Even if** he fails the exam, he will not cry. (시험에 실패한 것은 **아직 일어나지 않은 가정**)

eventually

결국

every

1. 뜻: 모두

2. 단수취급

[시험문법 1]

항상 단수취급하는 경우와 항상 복수취급하는 경우 정리	
항상 단수취급	**each** + 명사, **every** + 명사
항상 복수취급	**both** A and B

[시험문법 2]

every를 이용한 '매 ~마다' 표현 정리	
every + **기수** + 기간(**복수형**)	**예** every **two** hours 두 시간마다
every + **서수** + 기간(**단수형**)	**예** every **second** hour 두 시간마다

fall on

공격하다, (국경일 등이)~에 해당하다

fall short of

~이 부족하다

far

1. 뜻: 멀리(거리), 대단히(정도)

2. 거리를 나타낼 때와 정도를 나타낼 때 비교급과 최상급이 다름에 유의

    far(원급) – **farther**(비교급) – **farthest**(최상급): 더 멀리(거리)

    far(원급) – **further**(비교급) – **furthest**(최상급): 더 ~한(정도)

3. 비교급 강조에 쓰임

4. 형용사와 부사의 형태가 같음

[시험문법 1]

영만사 암기법

비교급 강조에 쓰이는 표현 정리

어·스·머·파·이

a lot, still, much, far, even

[시험문법 2]

형용사와 부사 형태가 같은 단어 정리			
단어	형용사 뜻	부사 뜻	'ly'가 붙어 전혀 다른 뜻이 되는 경우
close	가까운	가까이에	closely: 면밀히
early	이른	일찍	
enough	충분한	충분히	
far	먼	멀리	
fast	빠른	빠르게	
hard	어려운, 단단한	열심히	hardly: 거의 ~ 않다 (준부정어)
high	높은	높게	highly: 매우
just	올바른	방금	justly: 공정하게
late	늦은	늦게	lately: 최근에

long	긴	오래	
low	낮은	낮게	
much	많은	많이	
near	가까운	가까이에	nearly: 거의

far from

결코 ~이 아니다

fast

1. 뜻: 빠른(형용사), 빠르게(부사)

2. 형용사, 부사가 같은 형태임에 주의 (fastly라는 단어는 없음)

[시험문법]

형용사와 부사 형태가 같은 단어 정리			
단어	형용사 뜻	부사 뜻	'ly'가 붙어 전혀 다른 뜻이 되는 경우
close	가까운	가까이에	closely: 면밀히
early	이른	일찍	
enough	충분한	충분히	
far	먼	멀리	
fast	빠른	빠르게	
hard	어려운, 단단한	열심히	hardly: 거의 ~ 않다 (준부정어)
high	높은	높게	highly: 매우
just	올바른	방금	justly: 공정하게
late	늦은	늦게	lately: 최근에
long	긴	오래	
low	낮은	낮게	
much	많은	많이	
near	가까운	가까이에	nearly: 거의

feed on

~을 먹고살다

few

1. 뜻: 거의 없다

2. **가산명사**에 사용 (불가산명사에는 'little' 사용)

3. 부정적인 의미

<참고사항>

명사의 종류: 집보고물추

셀 수 있는 명사(가산명사): 집합명사, 보통명사

셀 수 없는 명사(불가산명사): 고유명사, 물질명사, 추상명사

[시험문법]

'few'와 'a few' 용법 정리	
few	**부정적**인 의미로 부정어(not, no 등)가 없어도 부정어가 있는 것처럼 **거의 없다**로 해석
a few	**긍정적**인 의미로 **몇몇의**로 해석

figure

숫자, 인물, 모양

figure out

이해하다, 파악하다

find

1. 뜻: 찾다

2. find(원형) - found(과거형) - found(과거분사형)

[주의사항]

find(찾다)**의 변화형**: find(원형) - **found**(과거형) - **found**(과거분사형)

found(설립하다)**의 변화형**: found(원형) - **founded**(과거형) - **founded**(과거분사형)

find fault with

~을 비난하다

fine

벌금

for

1. 뜻: ~동안

2. 뜻: 왜냐하면 (문두에는 올 수 없음)

3. to부정사의 의미상의 주어 앞에 쓰임: 'for + 목적격'

<참고사항>

사람의 성격을 나타내는 형용사 뒤에서는 'of + 목적격'으로 to부정사의 의미상의 주어를 표현

[시험문법]

for와 during 용법 정리	
for(~동안)	how long(얼마나 오랫동안)에 대한 **답이고, 보통 뒤에 숫자가 옴** 예 for 4 months
during(~동안)	when(언제)에 대한 **답** 예 during the holiday season

79

for a moment

잠시 동안

for a while

잠시 동안

for all

~에도 불구하고

for example

예를 들면

for good

영원히

for heaven's sake

아무쪼록

for instance

예를 들면

for nothing

공짜로, 헛되이

for one's sake

~을 위하여

for the sake of

~을 위하여

for the time being

당분간

force

force A to B: A에게 B하도록 강요하다

[시험문법]

'주어 + 동사 + 목적어 + to부정사' 형태를 이루는 5형식 동사

예 ask, allow, cause, compel, enable, encourage, force, persuade 등

예문 I **allowed** him **to** sing a song.

forget

1. 뜻: 잊다
2. 뒤에 동명사가 올 때와 to부정사가 올 때 뜻이 다름
   1) 뒤에 **동명사**가 올 때: (과거에) ~한 것을 잊다
   2) 뒤에 **to부정사**가 올 때: (미래에) ~할 것을 잊다

[시험문법]

뒤에 동명사가 올 때와 to부정사가 올 때 뜻이 다른 동사 정리			
뒤에 동명사가 올 때		뒤에 to부정사가 올 때	
stop ~ing	~하는 것을 멈추다	**stop to**	~하기 위해 멈추다
forget ~ing	(**과거에**) ~한 것을 잊다	**forget to**	(**미래에**) ~할 것을 잊다
try ~ing	~하는 것을 시도해 보다	**try to**	~하려고 노력하다
remember ~ing	(**과거에**) ~한 것을 기억하다	**remember to**	(**미래에**) ~할 것을 기억하다

영만사 암기법

뒤에 동명사가 올 때와 to부정사가 올 때
뜻이 다른 동사 정리

스·포·트·리

stop, forget, try, remember

found

1. 뜻: 설립하다

2. found(원형) – founded(과거형) – founded(과거분사형)

[주의사항]

find(찾다)**의 변화형**: find(원형) – found(과거형) – found(과거분사형)

found(설립하다)**의 변화형**: found(원형) – founded(과거형) – founded(과거분사형)

free

1. 뜻: 자유의, 무료의, ~이 없는

<참고사항>

free of: ~이 없는

free from

~이 없는

from time to time

때때로

furthermore

게다가

get

1. 뜻: ~되다, 얻다

2. get + 과거분사: 수동태

3. get + 비교급: 더 ~해지다

4. 준사역동사

[시험문법]

종류	동사	용법
사역동사	have	1. '**동사 + 목적어 + 목적격보어**' 형태로 쓰일 때 사역동사라고 함
	let	2. 목적격보어: **동사원형, 형용사, 현재분사, 과거분사**
	make	3. 목적격보어로 **to부정사는 올 수 없음**에 주의
준사역동사	get	목적격보어로 **to부정사, 형용사, 현재분사, 과거분사**가 와야 함
	help	목적격보어로 **동사원형** 또는 **to부정사**가 와야 함

위 표 제목: 사역동사/준사역동사 용법 정리

get along

잘 지내다

get in

(택시 등 좁은 장소의 것)을 타다

get off

(택시 등)에서 내리다

g

get on

(버스, 기차, 비행기 등의 넓은 장소의 것)을 타다

get over

극복하다

get rid of

~을 제거하다

get to

도착하다

give away

~을 기부하다

give birth to

~을 낳다

give off

(냄새, 빛 등)을 발산하다

give up

포기하다

given

1. 뜻: ~을 고려할 때

2. 분사이지만, 뒤에 명사가 오는 전치사처럼 활용됨

<참고사항>

전치사처럼 활용되는 분사 정리	
based on	~에 근거하면
concerning	~에 관해서
considering	~을 고려할 때
depending on	~에 따라
given	~을 고려할 때
including	~을 포함하여
regarding	~에 관해서

go on

계속 ~하다

go through

경험하다

go waste

쓸모없이 버려지다

go wrong

잘못되다

had better

1. 뜻: ~하는 게 낫다
2. 조동사로, **부정형**은 'had better not'임에 주의

half

1. 뜻: 절반
2. a half: $\dfrac{1}{2}$

<참고사항>

분수관용표현: a half = $\dfrac{1}{2}$ / a quarter = $\dfrac{1}{4}$

[주의사항]

분수 만드는 3단계: 자기모서	
1단계	분자를 기수 형태로 읽음
2단계	분모를 서수 형태로 읽고, 이때 분자가 복수면 여기에 's'를 붙임
3단계	대분수라면, 분자 앞에 기수 형태로 쓰고 'and'를 씀
예시	$3\dfrac{5}{6}$ = three **and** five sixth**s**

분수 만드는 법

자·기·모·서

먼저 분**자**를 **기**수로 쓰고, 그다음 분**모**를 **서**수로 씀

---

hand down

(후세에) ~을 전하다

---

hand in

~을 제출하다

---

hand over

(남에게) 넘겨주다

---

hard

1. 뜻: 어려운, 단단한(형용사), 열심히(부사)
2. 형용사, 부사가 같은 형태임에 주의 (hardly: 거의 ~ 않다, **준부정어**)

[시험문법]

형용사와 부사 형태가 같은 단어 정리			
단어	형용사 뜻	부사 뜻	'ly'가 붙어 **전혀 다른 뜻**이 되는 경우
close	가까운	가까이에	closely: 면밀히
early	이른	일찍	
enough	충분한	충분히	
far	먼	멀리	
fast	빠른	빠르게	
hard	어려운, 단단한	열심히	hardly: 거의 ~않다 (준부정어)
high	높은	높게	highly: 매우
just	올바른	방금	justly: 공정하게
late	늦은	늦게	lately: 최근에
long	긴	오래	
low	낮은	낮게	
much	많은	많이	
near	가까운	가까이에	nearly: 거의

h

hardly

1. **준부정어**: 부정어(not, never 등)가 아니면서도 부정으로 해석되는 것

2. 해석: 거의 ~하지 않다

3. hard(형용사: 어려운, 부사: 열심히)와는 전혀 다른 뜻임에 주의

[시험문법]

준부정어 단어 정리

barely, hardly, rarely, scarcely, seldom

have

1. 뜻: 가지다, 먹다, ~하게 하다

2. 조동사로 현재완료에 쓰임

3. 사역동사

[시험문법]

사역동사/준사역동사 용법 정리		
종류	동사	용법
사역동사	have	1. '**동사 + 목적어 + 목적격보어**' 형태로 쓰일 때 사역동사라고 함 2. 목적격보어: **동사원형, 형용사, 현재분사, 과거분사** 3. 목적격보어로 **to부정사는 올 수 없음**에 주의
	let	
	make	
준사역동사	get	목적격보어로 **to부정사, 형용사, 현재분사, 과거분사**가 와야 함
	help	목적격보어로 **동사원형** 또는 **to부정사**가 와야 함

have an influence on

~에 영향을 미치다

have no choice but to

~하지 않을 수 없다

[시험문법]

'~하지 않을 수 없다' 표현 정리

can not but + 동사원형 = can not help + ~ing = have no choice but to + 동사원형

have nothing to do with

~과 관계가 없다

have something to do with

~과 관계가 있다

have to

1. 뜻: ~해야 한다
2. 'don't have to'는 '~할 필요가 없다' 임에 주의

have trouble ~ing

~하는데 어려움을 겪다

hear from

(~로부터 직접) 소식을 듣다

hear of

~에 대한 소식(소문)을 듣다

h

help

1. 뜻: 도와주다
2. 준사역동사로 활용됨

[시험문법]

사역동사/준사역동사 용법 정리		
종류	동사	용법
사역동사	have	1. '**동사 + 목적어 + 목적격보어**' 형태로 쓰일 때 사역동사라고 함 2. 목적격보어: **동사원형, 형용사, 현재분사, 과거분사** 3. 목적격보어로 **to부정사는 올 수 없음**에 주의
	let	
	make	
준사역동사	get	목적격보어로 **to부정사, 형용사, 현재분사, 과거분사**가 와야 함
	help	목적격보어로 **동사원형** 또는 **to부정사**가 와야 함

high, highly

1. 뜻: 높은(형용사), 높게(부사)
2. 형용사, 부사가 같은 형태임에 주의 (highly: 매우)

[시험문법]

형용사와 부사 형태가 같은 단어 정리			
단어	형용사 뜻	부사 뜻	'**ly**'가 붙어 **전혀 다른 뜻**이 되는 경우
close	가까운	가까이에	closely: 면밀히
early	이른	일찍	
enough	충분한	충분히	
far	먼	멀리	
fast	빠른	빠르게	
hard	어려운, 단단한	열심히	hardly: 거의 ~ 않다 (준부정어)

high	높은	높게	highly: 매우
just	올바른	방금	justly: 공정하게
late	늦은	늦게	lately: 최근에
long	긴	오래	
low	낮은	낮게	
much	많은	많이	
near	가까운	가까이에	nearly: 거의

h

historic

1.뜻: 역사적으로 중요한

2. 'historical'은 '역사의'라는 뜻임에 주의

hit upon

(갑자기) ~을 생각해내다

hold good

유효하다

hold on

(전화를) 끊지 않고 기다리다

hold up

떠받치다

how

1. 뜻: 어떻게, 얼마나

2. 의문사, 관계부사 등으로 쓰임

3. 형용사를 강조하는 감탄문에 쓰임

4. 어순: **how형어명**(how + 형용사 + a/an + 명사)

[시험문법 1]

'형용사 + a/an + 명사' 어순 정리(명사가 복수형일 때는 a/an 제외)		
종류	암기법	용법
as	as형어명	as + 형용사 + a/an + 명사
how	how형어명	how + 형용사 + a/an + 명사
so	so형어명	so + 형용사 + a/an + 명사

[시험문법 2]

'a/an + 형용사 + 명사' 어순 정리(명사가 복수형일 때는 a/an 제외)		
종류	암기법	용법
such	such어형명	such + a/an + 형용사 + 명사
what	what어형명	what + a/an + 형용사 + 명사

how about ~ing

~하는 게 어때

[시험문법]

'~하는 게 어때' 표현 정리

how about ~ing = what about ~ing = what do you say to ~ing = why don't you + 동사원형

how to

1. 뜻: 어떻게 ~해야 할지

2. 'how + 주어 + should + 동사원형'으로 바꿔 쓸 수 있음

hundred

1. 뜻: 백

2. hundreds of: 수백의 (복수형 's'에 주의)

[시험문법]

대략적인 숫자를 나타내는 표현 정리	
수십의	dozens of
수백의	hundreds of
수천의	thousands of
수백만의	millions of

h

-ian

직업/지위를 나타내는 접미사 중 하나

> 예 electrician

[주의사항]

직업/지위를 나타내는 접미사 정리	
-ee	예 employee, interviewee, trainee 등
-er	예 player, singer, teacher 등
-ess	예 actress, princess, stewardess 등
-ian	예 electrician, magician, physician 등
-ist	예 artist, biologist, scientist 등
-or	예 doctor, sailor, tailor 등

if

1. 뜻: '만약 ~라면'(가정법, 단순조건), '~인지 아닌지'(명사절)

2. 용법

   1) **가정법** ('가정법'편 참조)

   2) **단순조건** (만약 ~라면)

    (1) '가정법'은 가능성이 낮은 것에 대해 사용하는 반면, '단순조건'은 가능성과 관계 없음

       예문 If you choose red one, I will choose blue one.

    (2) if가 있는 절에서 **현재시제**로 **미래시제를 대신함**

       예문 **If** it **rains** tomorrow, I **will** not go out. (if절에 will을 쓰면 **틀림**)

   3) **명사절**(~인지 아닌지)

    (1) if가 있는 절에서 **현재시제**로 **미래시제를 대신하지 않음**

       예문 I do not know if he **will** join us tomorrow. (if절에 **will**을 안 쓰면 **틀림**)

    (2) 명사절을 이끄는 **whether**와 다른 점

      ① **주어절/보어절**로 쓸 수 없음

      ② 바로 앞에 **전치사**를 쓸 수 없음

      ③ 바로 뒤에 **to부정사**를 쓸 수 없음

      ④ 바로 뒤에 '**or not**'을 쓸 수 없음

[시험문법]

if가 들어있는 가정법 관용 표현 정리			
표현	뜻	시세	문법사항
if it had not been for = had it not been for	~이 없었더라면	**과거**에 대한 이야기	'**가정법과거완료**'가 적용된 표현
if it were not for = were it not for	~이 없다면	**현재**에 대한 이야기	'**가정법과거**'가 적용된 표현

imperative

1. 뜻: ~해야 하는

2. 'should 특별용법 2'

[시험문법]

Should 특별용법 2

1. '**중**요(important)/**필**요(necessary)/**의**무(imperative)/**긴**급(urgent)/**당**연(natural)'의 뜻을 가진 형용사 다음에 오는 that절에는 should를 써야 하고, 이 should는 생략 가능

2. should가 생략된 후에도, should 뒤에 있던 동사는 **동사원형**을 써야 함

> ## 영만사 암기법
>
> Should 특별용법 2
> # 중·필·의·긴·당
> 중요, 필요, 의무, 긴급, 당연
>
>

---

important

1. 뜻: 중요한

2. 'should 특별용법 2'

[시험문법]

Should 특별용법 2

1. '**중**요(important)/**필**요(necessary)/**의**무(imperative)/**긴**급(urgent)/**당**연(natural)'의 뜻을 가진 형용사 다음에 오는 that절에는 should를 써야 하고, 이 should는 생략 가능

2. should가 생략된 후에도, should 뒤에 있던 동사는 **동사원형**을 써야 함

Should 특별용법 2

중·필·의·긴·당

중요, 필요, 의무, 긴급, 당연

---

impression

make an impression on: ~에게 감명을 주다

---

in ~ing

~할 때

---

in a hurry

서둘러서

---

in a sense

어떤 의미에서는

---

in addition

또한

in addition to

~이외에도

in advance

미리

in any case

어쨌든

in behalf of

~을 대신하여, ~을 위하여

in brief

요약하면

in case of

~의 경우, 만약 ~하면

in charge of

~을 맡고 있는

in contrast

대조적으로

in fact

실은

in favor of

~에 찬성하는

in general

일반적으로

in itself

본질적으로

in order to

1, 뜻: ~하기 위해서(= so as to)

2, 'so that' 구문으로 바꿔 쓸 수 있음

[시험문법]

	so와 that이 만드는 중요 표현 정리
1	'so + 형용사/부사 + that + 주어 + can/could'(소형댓주캔): 너무 ~해서 ~할 수 있다 = enough to 예문 He was **so** smart **that** he could pass the exam. = He was smart **enough to** pass the exam.
2	'so + 형용사/부사 + that + 주어 + can/could + not'(소형댓주캔트): 너무 ~해서 ~할 수 없다 = 'too + 형용사/부사 + to'(투형투) 예문 She was **so** tired **that** she could **not** go out. = She was **too** tired **to** go out.
3	'so that + 주어 + can/could': ~하기 위해서 (so와 that 사이에 아무것도 없음에 주의) = in order to = so as to 예문 He studied hard **so that** he could pass the exam. = He studied hard **in order to** pass the exam.
4	', so that': 그 결과 ~하다 (so 앞에 콤마가 있음에 주의) 예문 He studied hard, **so that** he could pass the exam.

---

in other words

바꿔 말하면

---

in particular

특히

---

in place of

~대신에

in response to

~에 반응하여

in search of

~을 추구하여

in short

요약하면

in spite of

1. 뜻: 비록 ~일지라도

2. 뒤에 명사(구)가 와야 함

3. 같은 뜻의 though, although, even though, even if는 뒤에 구가 와야 함

<참고사항>

'비록 ~일지라도' / '~임에도 불구하고'라는 의미를 가진 단어 / 표현 정리	
though	구어표현에 주로 쓰임
although	'though'보다 강하고 문어적 표현
even though	'although'보다 강한 표현
even if	위의 1~3은 '사실이 이미 ~임에도 불구하고', 'even if'는 '기정해서(사실이 아닌) ~임에도 불구하고'

예문 **Even though** he failed the exam, he did not give up. (시험에 실패했다는 것은 **이미 일어난 사실**)

Even if he fails the exam, he will not cry. (시험에 실패한 것은 **아직 일어나지 않은 가정**)

in terms of

~에 대해서

in the long run

결국

in the presence of

~의 면전에서, ~에 직면하여

in time

제 시간에

in turn

차례로

including

1. 뜻: ~을 포함하여

2. 분사이지만, 뒤에 **명사**가 오는 **전치사처럼 활용**됨

<참고사항>

전치사처럼 활용되는 분사 정리	
based on	~에 근거하면
concerning	~에 관해서
considering	~을 고려할 때
depending on	~에 따라
given	~을 고려할 때
including	~을 포함하여
regarding	~에 관해서

influence

have an influence on: ~에 영향을 미치다

insist

1. 뜻: 주장하다

2. insist 뒤에 that절이 오면, that절 안에 should를 써야 하고 이 should는 생략 가능
   (should 특별용법 1)

3. should가 생략된 후에도, should 뒤에 있던 동사는 동사원형을 써야 함

[시험문법 1]

Should 특별용법 1

1. '**제**안(suggest)/**주장**(insist)/**요구**(demand)/**조언**(advise)/**명령**(order)'의 뜻을 가진 동사 다음에 오는 that절에는 should를 써야 하고, 이 should는 생략 가능

2. should가 생략된 후에도, should 뒤에 있던 동사는 **동사원형**을 써야 함

영만사 암기법

Should 특별용법 1

제·주·요·조·명

제안, 주장, 요구, 조언, 명령

[시험문법 2]

Should 특별용법 2

1. '**중요**(important)/**필요**(necessary)/**의무**(imperative)/**긴급**(urgent)/**당연**(natural)'의 뜻을 가진 형용사 다음에 오는 that절에는 should를 써야 하고, 이 should는 생략 가능

2. should가 생략된 후에도, should 뒤에 있던 동사는 **동사원형**을 써야 함

영만사 암기법

Should 특별용법 2

중·필·의·긴·당

중요, 필요, 의무, 긴급, 당연

---

inspire

inspire A to B: A에게 B하도록 고취시키다

-ist

직업/지위를 나타내는 접미사 중 하나

예 artist

[주의사항]

직업/지위를 나타내는 접미사 정리	
-ee	예 employee, interviewee, trainee 등
-er	예 player, singer, teacher 등
-ess	예 actress, princess, stewardess 등
-ian	예 electrician, magician, physician 등
-ist	예 artist, biologist, scientist 등
-or	예 doctor, sailor, tailor 등

instead of

~대신에

it

용법

1. **지시대명사**: '그것'으로 해석

2. **가주어**: 주어가 너무 길어, 주어 자리에 가짜 주어 it을 남기고 진짜 주어를 맨 뒤로 보낼 때 사용

3. **가목적어**: 목적어가 너무 길어, 목적어 자리에 가짜 목적어 it을 남기고 진짜 목적어를 맨 뒤로 보낼 때 사용

4. **비인칭주어**: 주어로 사용되나, 해석을 하지 않는 몇 가지 경우

   예 **명**암, **날**씨, **거**리, **요**일, **날**짜, **시**간, **계**절

[시험문법]

영만사 암기법

비인칭주어 it 용법 정리

비·명·날·거·요·날·시·계

비인칭주어 it: **명**암, **날**씨, **거**리, **요**일, **날**짜, **시**간, **계**절

it that 강조구문

강조하고자 하는 요소를 'it + be동사'와 'that' 사이에 넣고, 나머지 부분을 that 뒤에 쓴 것

its

it의 소유격(그것의)

just, justly

1. 뜻: 올바른(형용사), 방금(부사)

2. 형용사, 부사가 같은 형태임에 주의(justly: 공정하게)

형용사와 부사 형태가 같은 단어 정리			
단어	형용사 뜻	부사 뜻	'ly'가 붙어 전혀 다른 뜻이 되는 경우
close	가까운	가까이에	closely: 면밀히
early	이른	일찍	
enough	충분한	충분히	
far	먼	멀리	
fast	빠른	빠르게	
hard	어려운, 단단한	열심히	hardly: 거의 ~ 않다 (준부정어)
high	높은	높게	highly: 매우
just	올바른	방금	justly: 공정하게
late	늦은	늦게	lately: 최근에
long	긴	오래	
low	낮은	낮게	
much	많은	많이	
near	가까운	가까이에	nearly: 거의

keep

1. keep A 수식어: A가 수식어하게 유지하다
2. 수식어: 현분, 과분, 형용사, 전치사구 등

keep A in mind

A를 기억하다

keep one's promise

약속을 지키다

keep away from

~을 멀리하다

keep in touch with

~와 연락하고 지내다

keep off

~을 막다

keep up

유지하다

keep up with

~에 뒤떨어지지 않다

know A from B

A와 B를 구분하다

k

known

know의 과거분사형

[시험문법]

known이 들어간 관용 표현 정리	
be known **as**	~라고 알려지다
be known **by**	~에 의해 알 수 있다
be known **for**	~으로 잘 알려져 있다
be known **to** + (대)명사	~에게 알려지다
be known **to** + 동사원형	~한다고 알려져 있다

late, lately

1. 뜻: 늦은(형용사), 늦게(부사)

2. 형용사, 부사가 같은 형태임에 주의 (lately: 최근에)

[시험문법]

단어	형용사 뜻	부사 뜻	'ly'가 붙어 **전혀 다른 뜻**이 되는 경우
close	가까운	가까이에	closely: 면밀히
early	이른	일찍	
enough	충분한	충분히	
far	먼	멀리	
fast	빠른	빠르게	
hard	어려운, 단단한	열심히	hardly: 거의 ~ 않다 (준부정어)
high	높은	높게	highly: 매우
just	올바른	방금	justly: 공정하게
late	늦은	늦게	lately: 최근에
long	긴	오래	
low	낮은	낮게	
much	많은	많이	
near	가까운	가까이에	nearly: 거의

위 표의 제목: 형용사와 부사 형태가 같은 단어 정리

lay

1. 뜻: 놓다, 눕히다

2. lay(원형) - laid(과거형) - laid(과거분사형) - laying(현재분사형)

[주의사항]

lay, lie 변화형 정리		
원형	변화형	현재분사형
lay 놓다	lay - laid - laid	laying(현재분사형)
lie 눕다	lie - **lay** - **lain**	lying(현재분사형)
lie 거짓말하다	lie - **lied** - **lied**	lying(현재분사형)

lead to

lead to A: A로 이어지다

learn by heart

암기하다

leave out

생략하다

let

1. 뜻: ~하게 하다

2. 사역동사

[시험문법]

사역동사/준사역동사 용법 정리		
종류	동사	용법
사역동사	have	1. '**동사 + 목적어 + 목적격보어**' 형태로 쓰일 때 사역동사라고 함
	let	2. 목적격보어: **동사원형, 형용사, 현재분사, 과거분사**
	make	3. 목적격보어로 **to부정사는 올 수 없음**에 주의
준사역동사	get	목적격보어로 **to부정사, 형용사, 현재분사, 과거분사**가 와야 함
	help	목적격보어로 **동사원형** 또는 **to부정사**가 와야 함

let alone

~은 말할 것도 없이

lie

눕다, 거짓말하다

[주의사항]

lay, lie 변화형 정리		
원형	변화형	현재분사형
lay 놓다	lay - laid - laid	laying(현재분사형)
lie 눕다	lie - **lay** - **lain**	lying(현재분사형)
lie 거짓말하다	lie - **lied** - **lied**	lying(현재분사형)

lie in

~에 있다

likely to

be likely to: ~할 것 같다

little

1. 뜻: 거의 없는

2. 불가산명사에 사용(가산명사에는 'few' 사용)

3. **부정적인 의미**: 거의 없다

4. little(원급) - less(비교급) - least(최상급)

<참고사항>

가산명사(셀 수 있는 명사): 집합명사, 보통명사

불가산명사(셀 수 없는 명사): 고유명사, 물질명사, 추상명사

[시험문법]

'little'과 'a little' 용법 정리	
little	**부정적**인 의미로 부정어(not, no 등)가 없어도 부정어가 있는 것처럼 **'거의 없다'**로 해석
a little	**긍정적**인 의미로 **'조금 있다'**로 해석

live off

~에 의지해서 살다

---

live on

~을 먹고 살다

---

long for

~을 열망하다

---

look

1. 뜻: ~처럼 보이다

2. 감각동사로 'look + 형용사', 'look like + 명사'

3. look at: ~을 보다

[시험문법]

감각동사 용법 정리

1. **감각동사의 종류**: look, smell, taste, sound, feel 등

   ※ 얼굴을 떠올림: 눈, 코, 입, 귀, (볼)의 느낌

2. **용법**

   1) 감각동사 + **형용사**

   2) 감각동사 + **like** + **명사**

3. **주의사항**

   1) 2형식으로 쓰일 경우 이를 감각동사라 함

   2) 같은 단어라도 3형식/5형식으로 쓰이면 지각동사라 함

---

look after

~을 돌보다

look down

~을 깔보다, 경멸하다

look for

~을 찾다

look forward to ~ing/명사

1. 뜻: ~을 기대하다
2. 여기서 to는 **전치사**이므로 뒤에 **동명사**나 **명사**가 옴에 주의

look into

~을 조사하다

look like

1. 뜻: ~처럼 보이다
2. 감각동사로 'look + 형용사', 'look like + 명사'
3. look at: ~을 보다

[시험문법]

감각동사 용법 정리

1. 감각동사의 종류: look, smell, taste, sound, feel 등
   ※ 얼굴을 떠올림: 눈, 코, 입, 귀, (볼)의 느낌

2. **용법**

    1) 감각동사 + **형용사**

    2) 감각동사 + **like** + **명사**

3. **주의사항**

    1) 2형식으로 쓰일 경우 이를 감각동사라 함

    2) 같은 단어라도 3형식/5형식으로 쓰이면 지각동사라 함

---

look out

주의하다

---

look over

~너머로 보다

---

look up

(사전 등)을 찾아보다

---

look upon A as B

A를 B로 여기다

---

look up to

존경하다

lose one's temper

화를 내다

lots of

1. 뜻: 많은
2. 가산명사/불가산명사 모두에 사용 가능

[시험문법]

'많은'의 뜻을 가진 표현 정리		
조건	표현	주의사항
가산명사에 사용	a number of	복수취급
불가산명사에 사용	a great deal of	단수취급
가산명사/ 불가산명사에 사용	a lot of, lots of, plenty of	뒤에 **불가산명사**가 오면 **단수취급**, **가산명사**가 오면 **복수취급**

made

make의 과거/과거분사형

[시험문법]

made가 포함된 관용 표현 정리		
	뜻	차이점
be made **from**	~로 만들어지다	화학적 변화
be made **of**	~로 만들어지다	물리적 변화

make

1. 뜻: 만들다, ~하게 하다
2. '~하게 하다'의 뜻으로 쓰일 경우: 사역동사

[시험문법]

종류	동사	용법
사역동사/준사역동사 용법 정리		
사역동사	have	1. '**동사 + 목적어 + 목적격보어**' 형태로 쓰일 때 사역동사라고 함
	let	2. 목적격보어: **동사원형, 형용사, 현재분사, 과거분사**
	make	3. 목적격보어로 **to부정사**는 올 수 없음에 주의
준사역동사	get	목적격보어로 **to부정사, 형용사, 현재분사, 과거분사**가 와야 함
	help	목적격보어로 **동사원형** 또는 to부정사가 와야 함

make a fool of

~을 놀리다

make a fortune

부자가 되다

make an impression on

~에게 감명을 주다

make believe

~인 체하다

make it

해내다

make little of

~을 중요하지 않게 여기다

make much of

~을 중요하게 여기다

make out

이해하다

make sense

뜻이 통하다

make sure

확실히 하다

make the most of

~을 최대한 이용하다

m

make up

~을 구성하다, 화장하다, 거짓으로 꾸미다

make up for

~을 보상하다

make use of

~을 이용하다

manage to

그럭저럭 해내다

many

1. 뜻: 많은
2. 셀 수 있는 명사인 가산명사(집합명사, 보통명사)에 사용

may

1. 기본 뜻: 아마 ~일 것이다
2. 기타 뜻: **추측**(아마 ~일 것이다), **허가**(~해도 좋다), **소망**(~이기를)

[주의사항]

영만사 암기법

may의 여러 가지 의미

추·허·소

추측, 허가, 소망

---

may as well

~하는 것이 낫다(= might as well)

---

may have p.p

~이었을지 모른다

m

[시험문법]

'조동사 + have + 과거분사' 정리	
can not have p.p	~했을 리가 없다
could have p.p	~했었을 수도 있었는데, **하지 않았다**
could not have p.p	~을 시도했었어도 불가능했다
may have p.p	~했을지도 모른다
might have p.p	~했을지도 모른다 (may보다 약한 뜻)
must have p.p	~이었음에 틀림없다
should have p.p	~했어야 했었는데, 하지 않았다 (그 당시에 아예 **시도하지 않았다**)
would have p.p	~했어야 했었는데, 하지 못했다 (그 당시에 **시도했으나, 안됐다**)

may well

~하는 것이 당연하다

---

meet halfway

타협하다

---

might as well

~하는 것이 낫다(= may as well)

---

might have p.p

~이었을 수도 있다

[시험문법]

'조동사 + have + 과거분사' 정리	
can not have p.p	~했을 리가 없다
could have p.p	~했었을 수도 있었는데, **하지 않았다**
could not have p.p	~을 시도했었어도 불가능했다
may have p.p	~했을지도 모른다
might have p.p	~했을지도 모른다 (may보다 약한 뜻)
must have p.p	~이었음에 틀림없다
should have p.p	~했어야 했었는데, 하지 않았다 (그 당시에 아예 **시도하지 않았다**)
would have p.p	~했어야 했었는데, 하지 못했다 (그 당시에 **시도했으나, 안됐다**)

million

1. 뜻: 백만

2. millions of: 수백만의 (복수형 's'에 주의)

[시험문법]

대략적인 숫자를 나타내는 표현 정리	
수십의	dozens of
수백의	hundreds of
수천의	thousands of
수백만의	millions of

mind

꺼려하다, 주의하다

[주의사항]

mind를 포함한 주의해야 할 표현 정리		
표현	해석	차이점
Do you mind if I 현재동사	내가 ~해도 될까?	일반적 표현
Would you mind if I 과거동사	제가 ~해도 괜찮겠습니까?	**공손**한 표현
Do you mind ~ing?	네가 ~해도 괜찮겠니?	**주체가 듣는 이**
대답 주의	'해도 괜찮다': **No**, I do **not** mind.	

mistake A for B

A를 B로 잘못 알다

more and more

점점 더

moreover

게다가

most

1. 뜻: 대부분(명사), 대부분의(형용사)
2. 용법
   1) most (of) + 단수명사: 단수취급
   2) most (of) + 복수명사: 복수취급

[주의사항]

뒤에 오는 명사의 수에 따라 단수/복수가 정해지는 표현 정리		
	뒤에 오는 명사의 수	단수취급/복수취급
all (of) most (of) some of	+ 단수명사	단수취급
	+ 복수명사	복수취급

much

1. 뜻: 많은
2. 셀 수 없는 명사인 불가산명사(고유명사, 물질명사, 추상명사)에 사용

must have p.p

~임에 틀림없다

[시험문법]

'조동사 + have + 과거분사' 정리	
can not have p.p	~했을 리가 없다
could have p.p	~했었을 수도 있었는데, **하지 않았다**
could not have p.p	~을 시도했었어도 불가능했다
may have p.p	~했을지도 모른다
might have p.p	~했을지도 모른다 (may보다 약한 뜻)
must have p.p	~이었음에 틀림없다
should have p.p	~했어야 했었는데, 하지 않았다 (그 당시에 아예 **시도하지 않았다**)
would have p.p	~했어야 했었는데, 하지 못했다 (그 당시에 **시도했으나, 안됐다**)

name after

~의 이름을 따서 이름 짓다

natural

1. 뜻: 당연한, 자연의
2. 'should 특별용법 2'

[시험문법]

Should 특별용법 2

1. '**중요**(important)/**필요**(necessary)/**의무**(imperative)/**긴급**(urgent)/**당연**(natural)'의 뜻을 가진 형용사 다음에 오는 that절에는 should를 써야 하고, 이 should는 생략 가능
2. should가 생략된 후에도, should 뒤에 있던 동사는 **동사원형**을 써야 함

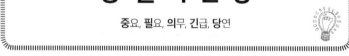

영만사 암기법

Should 특별용법 2

중·필·의·긴·당

중요, 필요, 의무, 긴급, 당연

near, nearly

1. 뜻: 가까운(형용사), 가까이에(부사)

2. 형용사, 부사가 같은 형태임에 주의 (nearly: 거의)

[시험문법]

형용사와 부사 형태가 같은 단어 정리			
단어	형용사 뜻	부사 뜻	'ly'가 붙어 **전혀 다른 뜻**이 되는 경우
close	가까운	가까이에	**closely**: 면밀히
early	이른	일찍	
enough	충분한	충분히	
far	먼	멀리	
fast	빠른	빠르게	
hard	어려운, 단단한	열심히	**hardly**: 거의 ~ 않다 (준부정어)
high	높은	높게	**highly**: 매우
just	올바른	방금	**justly**: 공정하게
late	늦은	늦게	**lately**: 최근에
long	긴	오래	
low	낮은	낮게	
much	많은	많이	
near	가까운	가까이에	**nearly**: 거의

necessary

1. 뜻: 필요한

2. 'should 특별용법 2'

[시험문법]

Should 특별용법 2

1. '**중**요(important)/**필**요(necessary)/**의무**(imperative)/**긴급**(urgent)/**당연**(natural)'의 뜻을 가진 형용사 다음에 오는 that절에는 should를 써야 하고, 이 should는 생략 가능

2. should가 생략된 후에도, should 뒤에 있던 동사는 **동사원형**을 써야 함

영만사 암기법

Should 특별용법 2

중·필·의·긴·당

중요, 필요, 의무, 긴급, 당연

---

need not

~할 필요가 없다(이때 need는 조동사)

---

needy

가난한

neither A nor B

1. neither A nor B: A도 아니고 B도 아니다

2. B에 **수 일치**(B가 단수면 동사 단수형, B가 복수면 동사 복수형)

[시험문법 1]

either A or B: A 또는 B

[시험문법 2]

B에 수 일치시키는 표현 정리	
B as well as A	A뿐만 아니라 **B**도
not A but **B**	A가 아니라 **B**
not only A but also **B**	A뿐만 아니라 **B**도
A or **B**	A 또는 **B**

nevertheless

그럼에도 불구하고

no

not any

[시험문법]

no와 비교급을 이용한 최상급 표현

no + 비교급 + than + A: A보다 더 ~한 것은 없다

no longer

더 이상 ~않다

no matter + 의문사

1. 뜻: ~든지
2. '의문사 + ever'와 같은 뜻

   예 no matter who = whoever

no more

no more A than B: B가 아닌 것처럼 A가 아니다

not

부정어

[시험문법]

부분부정

1. 정의: 'not'과 '**모두/항상**' 등을 뜻하는 단어가 만나, '**모두가 ~한 것은 아니다**'/'**항상 ~한 것은 아니다**'와 같이 해석되는 것

2. '모두/항상' 등을 나타내는 단어: all, always, both, every, exactly, extremely, necessarily 등

not A but B

A가 아니라 B이다

not at all

전혀 ~아니다

not only A but also B

1. not only A but also B: A 뿐만 아니라 B도

2. B에 수 일치 (B가 단수면 단수취급, B가 복수면 복수취급)

[시험문법]

	'A 뿐만 아니라 B도' 표현 정리
not only A **but also** B	**B**에 수 일치 (B가 단수면 단수취급, B가 복수면 복수취급)
B **as well as** A	**B**에 수 일치 (B가 단수면 단수취급, B가 복수면 복수취급)

not until

A not until B: B까지는 A않다(B하고 나서야 A하다)

now that

~ 때문에

number

수

[주의사항]

	number가 들어있는 관용 표현 정리
a number of	많은 (**복수취급**)
the number of	그 수 (**단수취급**)

occur to

(~에게 ~생각이) 떠오르다

of

1. 소유의 of: 'B의 A'로 해석

2. 동격의 of

   1) B는 A에 대한 부연 설명으로 of를 중심으로 왼쪽과 오른쪽이 같음

   2) 동격을 나타내는 방법: ',(콤마)', 'of', 'that'

3. to부정사의 의미상의 주어 앞에 쓰임: 사람의 성격을 나타내는 형용사 뒤에서는 'of + 목적격'

of + 추상명사

형용사

of course

물론

of + oneself

저절로

off duty

근무시간이 아닌

on ~ing

~하자마자(= as soon as)

on account of

1. 뜻: ~때문에

2. 다음에 명사(구)가 옴

<참고사항>

'~ 때문에'를 뜻하는 표현 정리

on account of = because of = due to = thanks to = owing to

on and on

쉬지 않고 계속

on behalf of

~을 대신하여, ~을 위하여

on business

업무상

on duty

근무시간인

on purpose

고의로

on the contrary

반대로

on the one hand

한편으로는 (on the other hand: 다른 한편으로는)

on the other hand

반면에, 다른 한편으로는

on the spot

현장에서, 지금 당장

O

on time

정각에

once

일단 ~하면, 예전에

once in a while

때때로

one

1. 숫자 1
2. 부정대명사 (복수형 ones)

[시험문법]

one이 들어 있는 최상급 표현

one of + 최상급 + **복수명사**

one another

(셋 이상일 때) 서로

[시험문법]

'서로' 표현 정리	
둘일 때	each other
셋 이상일 때	one another

oneself

1. 재귀대명사를 나타내는 것
2. 속해 있는 문장의 주어에 따라 앞쪽의 'one' 부분이 여러 가지 형태로 변화함

예 myself, yourself, herself, himself, itself, themselves 등

[주의사항]

'oneself' 표현 정리	
beside oneself	제정신이 아닌
between ourselves	우리끼리 얘긴데
by oneself	혼자서
for oneself	혼자 힘으로
in itself	본래, 그 자체
in spite of oneself	자신도 모르게
of oneself	저절로

opt to

~하기로 선택하다

-or

직업/지위를 나타내는 접미사 중 하나

예 sailor

[주의사항]

직업/지위를 나타내는 접미사 정리	
-ee	예 employee, interviewee, trainee 등
-er	예 player, singer, teacher 등
-ess	예 actress, princess, stewardess 등
-ian	예 electrician, magician, physician 등
-ist	예 artist, biologist, scientist 등
-or	예 doctor, sailor, tailor 등

order

1. 뜻: 명령하다

2. order 뒤에 that절이 오면, that절 안에 should를 써야 하고 이 should는 생략 가능
   (should 특별용법 1)

3. should가 생략된 후에도, should 뒤에 있던 동사는 동사원형을 써야 함

[시험문법 1]
Should 특별용법 1

1. '**제안**(suggest)/**주장**(insist)/**요구**(demand)/**조언**(advise)/**명령**(order)'의 뜻을 가진 동사 다음에 오는 that절에는 should를 써야 하고, 이 should는 생략 가능

2. should가 생략된 후에도, should 뒤에 있던 동사는 **동사원형**을 써야 함

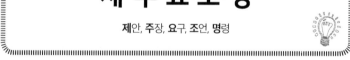

영만사 암기법

Should 특별용법 1

제·주·요·조·명

제안, 주장, 요구, 조언, 명령

[시험문법 2]
Should 특별용법 2

1. '**중요**(important)/**필요**(necessary)/**의무**(imperative)/**긴급**(urgent)/**당연**(natural)'의 뜻을 가진 형용사 다음에 오는 that절에는 should를 써야 하고, 이 should는 생략 가능

2. should가 생략된 후에도, should 뒤에 있던 동사는 **동사원형**을 써야 함

Should 특별용법 2

중·필·의·긴·당

중요, 필요, 의무, 긴급, 당연

---

other

다른

[시험문법 1]

other와 비교급을 이용한 최상급 표현 정리

비교급 + than + **any** other + **단수**명사

비교급 + than + **all** the (other) + **복수**명사

[시험문법 2]

분류를 나타내는 표현 정리

1. 원소를 하나씩 분류

원소를 하나씩 분류		
	집합 2개	집합 3개
원소 2개인 경우	one, the other	–
원소 3개인 경우	one, the others	one, another, the other
원소 4개 이상인 경우	one, the others	one, another, the others

2. 원소를 여러 개 씩 묶어서 분류

원소를 여러 개 씩 묶어서 분류		
	집합 2개	집합 3개
범위가 명확하지 않은 모집단	some, others	some, others, still others
범위가 명확한 모집단	some, the others	some, others, still the others

out of order

고장난

over and over

되풀이하여

overall

전반적으로

owe

owe A to B: A는 B 덕택이다

owing to

1. 뜻: ~때문에
2. 다음에 명사(구)가 옴

<참고사항>

'~ 때문에'를 뜻하는 표현 정리

on account of = because of = due to = thanks to = owing to

pass away

죽다

pay attention to

~에 주목하다

persuade

persuade A to B: A에게 B하도록 설득하다

[시험문법]

'주어 + 동사 + 목적어 + to부정사' 형태를 이루는 5형식 동사

예 ask, allow, cause, compel, enable, encourage, force, persuade 등

예문 I **allowed** him **to** sing a song.

pick up

집어 올리다, 마중 나가다

p

play a role in

~에서 역할을 하다

plenty of

1. 뜻: 많은

2. 가산명사/불가산명사 모두에 사용 가능

[시험문법]

'많은'의 뜻을 가진 표현 정리		
조건	표현	주의사항
가산명사에 사용	a number of	복수취급
불가산명사에 사용	a great deal of	단수취급
가산명사/ 불가산명사에 사용	a lot of, lots of, plenty of	뒤에 **불가산명사**가 오면 **단수취급**, **가산명사**가 오면 **복수취급**

point out

지적하다

p.p

'과거분사'를 뜻하는 'past participle'의 약자

[시험문법]

동사 과거형/과거분사형 만드는 규칙 정리

일반적으로는 **ed**를 붙이나 아래와 같은 예외를 갖는다.

1. **자와**: (자음 + y)로 끝나면, y를 i로 고치고 ed

    예 study – studied

2. **단모단자일**: (단모음 + 단자음)으로 끝나는 1음절 동사. 자음 하나 더 쓰고 ed

    예 stop – stopped

3. **강모단자이**: (강세 있는 모음 + 단자음)으로 끝나는 2음절 동사. 자음 하나 더 쓰고 ed

> 예 prefer - preferred

4. **c**: k붙이고 ed

> 예 picnic - picnicked

영만사 암기법

동사 과거형/과거분사형 만드는 규칙 정리

1. 자와
2. 단모단자일
3. 강모단자이
4. c

prefer

1. prefer to + 동사원형: ~하는 것을 선호하다
2. prefer A to B: A를 B보다 선호하다 (A와 B는 명사임에 주의)

p

prepare for

~을 준비하다

priceless

대단히 귀중한(↔ valueless)

prove to be

~로 밝혀지다

put off

연기하다

put on

(옷 등)을 입다

put out

(불 등)을 끄다

put through

~을 겪게 하다

put up with

~을 참다

quarter

1. 뜻: 4분의 1

2. a quarter: $\dfrac{1}{4}$

<참고사항>

분수관용표현: a half = $\dfrac{1}{2}$ / a quarter = $\dfrac{1}{4}$

[주의사항]

분수 만드는 3단계: 자기모서	
1단계	분**자**를 **기**수 형태로 읽음
2단계	분**모**를 **서**수 형태로 읽고, 이때 분자가 복수면 여기에 's'를 붙임
3단계	대분수라면, 분자 앞에 기수 형태로 쓰고 'and'를 씀
예시	$3\dfrac{5}{6}$ = three **and** five sixth**s**

영만사 암기법

분수 만드는 법

자·기·모·서

먼저 분**자**를 **기**수로 쓰고, 그다음 분**모**를 **서**수로 씀

9

raise

1. 뜻: 기르다(타동사)

2. raise(원형) - raised(과거형) - raised(과거분사형)

[주의사항]

비슷한 형태의 동사와 그 시제 변화형			
현재형	과거형	과거분사형	종류
arise 발생하다	arose	arisen	자동사
raise 기르다	raised	raised	타동사
rise 떠오르다	rose	risen	자동사

rarely

1. **준부정어**: 부정어(not, never 등)가 아니면서도 부정으로 해석되는 것

2. 해석: 거의 ~하지 않다

[시험문법]

준부정어 단어 정리

barely, hardly, rarely, scarcely, seldom

rather than

A rather than B: B라기 보나는 A이다

regard A as B

A를 B로 여기다

regarding

1. 뜻: ~에 관해서

2. 분사이지만, 뒤에 **명사**가 오는 **전치사처럼 활용**됨

<참고사항>

전치사처럼 활용되는 분사 정리	
based on	~에 근거하면
concerning	~에 관해서
considering	~을 고려할 때
depending on	~에 따라
given	~을 고려할 때
including	~을 포함하여
regarding	~에 관해서

regardless of

~에 관계없이

relate to

이해하다, 관련되다

rely on

~에 의지하다

remember

1. 뜻: 기억하다

2. 뒤에 동명사가 올 때와 to부정사가 올 때 뜻이 다름

    1) 뒤에 **동명사**가 올 때: (과거에) ~한 것을 기억하다

    2) 뒤에 **to부정사**가 올 때: (미래에) ~할 것을 기억하다

[시험문법]

뒤에 동명사가 올 때와 to부정사가 올 때 뜻이 다른 동사 정리			
뒤에 동명사가 올 때		뒤에 to부정사가 올 때	
stop ~ing	~하는 것을 멈추다	**st**op to	~하기 위해 멈추다
forget ~ing	(**과거에**) ~한 것을 잊다	**fo**rget to	(**미래에**) ~할 것을 잊다
try ~ing	~하는 것을 시도해 보다	**t**ry to	~하려고 노력하다
remember ~ing	(**과거에**) ~한 것을 기억하다	**re**member to	(**미래에**) ~할 것을 기억하다

영만사 암기법

뒤에 동명사가 올 때와 to부정사가 올 때
뜻이 다른 동사 정리

스·포·트·리

stop, forget, try, remember

remind A of B

remaind A of B: A에게 B를 생각나게 하다

resemble

닮다(뒤에 with가 안 오는 것에 주의)

respectively

각각

result

result from A: A에서 생겨나다

result from

result from + 원인: ~이 원인이다

result in

result in + 결과: ~결과를 낳다

r

rid

get rid of: ~을 제거하다

rise

1. 뜻: 떠오르다(자동사)

2. rise(원형) - rose(과거형) - risen(과거분사형)

[주의사항]

비슷한 형태의 동사와 그 시제 변화형

비슷한 형태의 동사와 그 시제 변화형			
현재형	과거형	과거분사형	종류
arise 발생하다	arose	arisen	자동사
raise 기르다	raised	raised	타동사
rise 떠오르다	rose	risen	자동사

rob A of B

A에게서 B를 강탈하다

role

play an important role in: ~에서 중요한 역할을 하다

room

1. 방

2. 공간(불가산명사: 앞에 'a'를 붙일 수 없고, 복수형 안 됨)

run after

~을 쫓다

run away

도망가다

run into

~와 충돌하다, ~와 우연히 만나다

run out of

~을 다 쓰다

run over

(차가) 치다

run the risk of

~의 위험을 무릎 쓰다

scarcely

1. **준부정어**: 부정어(not, never 등)가 아니면서도 부정으로 해석되는 것
2. 해석: 거의 ~하지 않다

[시험문법]

준부정어 단어 정리

barely, hardly, rarely, scarcely, seldom

see off

배웅하다

seek after

~을 추구하다

seem

1. 뜻: ~처럼 보이다

2. 감각동사로 'seem + 형용사', 'seem like + 명사'

[시험문법]

감각동사 용법 정리

1. **감각동사의 종류**: look, smell, taste, sound, feel 등

   ※ 얼굴을 떠올림: 눈, 코, 입, 귀, (볼)의 느낌

2. **용법**

   1) 감각동사 + **형용사**

   2) 감각동사 + **like** + **명사**

3. **주의사항**

   1) 2형식으로 쓰일 경우 이를 감각동사라 함

   2) 같은 단어라도 3형식/5형식으로 쓰이면 지각동사라 함

seldom

1. **준부정어**: 부정어(not, never 등)가 아니면서도 부정으로 해석되는 것

2. 해석: 거의 ~하지 않다

[시험문법]

준부정어 단어 정리

barely, hardly, rarely, scarcely, seldom

set

set A free: A를 풀어주다

set out

출발하다

set up

설립하다

should

1. 뜻: ~해야 한다 (꼭 해야 하는 것은 아니지만 옳다고 여겨지는 일)

2. 'should have p.p': ~했어야 했는데 (안 해서 후회된다)

3. should 특별용법 1, should 특별용법 2

4. 가정법과거/가정법현재에서 가능성이 거의 없는 경우, if절에 사용

\<참고사항\>

'의무'를 나타내는 조동사의 세기 비교

must \> have to \> should = ought to

[시험문법 1]

Should 특별용법 1

1. '**제**안(suggest)/**주**장(insist)/**요**구(demand)/**조**언(advise)/**명**령(order)'의 뜻을 가진 동사 다음에 오는 that절에는 should를 써야 하고, 이 should는 생략 가능

2. should가 생략된 후에도, should 뒤에 있던 동사는 **동사원형**을 써야 함

영만사 암기법

Should 특별용법 1

제·주·요·조·명

제안, 주장, 요구, 조언, 명령

[시험문법 2]

Should 특별용법 2

1. '**중**요(important)/**필**요(necessary)/**의**무(imperative)/**긴**급(urgent)/**당**연(natural)'의 뜻을 가진 형용사 다음에 오는 that절에는 should를 써야 하고, 이 should는 생략 가능

2. should가 생략된 후에도, should 뒤에 있던 동사는 **동사원형**을 써야 함

영만사 암기법

Should 특별용법 2

중·필·의·긴·당

중요, 필요, 의무, 긴급, 당연

should have p.p

~했어야 했었는데, 하지 않았다 (그 당시에 아예 시도하지 않았다)

[시험문법]

	'조동사 + have + 과거분사' 정리
can not have p.p	~했을 리가 없다
could have p.p	~했었을 수도 있었는데, **하지 않았다**
could not have p.p	~을 시도했었어도 불가능했다
may have p.p	~했을지도 모른다
might have p.p	~했을지도 모른다 (may보다 약한 뜻)
must have p.p	~이었음에 틀림없다
should have p.p	~했어야 했었는데, 하지 않았다 (그 당시에 아예 **시도하지 않았다**)
would have p.p	~했어야 했었는데, 하지 못했다 (그 당시에 **시도했으나, 안됐다**)

show up

나타나다

since

때문에

smell

1. 뜻: ~한 냄새가 나다, 냄새를 맡다

2. 감각동사로 'smell + 형용사', 'smell like + 명사'

[시험문법]

감각동사 용법 정리

1. **감각동사의 종류**: look, smell, taste, sound, feel 등

   ※ 얼굴을 떠올림: 눈, 코, 입, 귀, (볼)의 느낌

2. **용법**

   1) 감각동사 + **형용사**

   2) 감각동사 + **like** + **명사**

3. **주의사항**

   1) 2형식으로 쓰일 경우 이를 감각동사라 함

   2) 같은 단어라도 3형식/5형식으로 쓰이면 지각동사라 함

---

so

1. 뜻: 그래서(접속사로 쓰일 때), 매우-(부사로 쓰일 때)

2. 부사로 쓰일 때 어순: **so형어명**(so + 형용사 + a/an + 명사)

[시험문법 1]

'형용사 + a/an + 명사' 어순 정리(명사가 복수형일 때는 a/an 제외)		
종류	암기법	용법
as	as형어명	as + 형용사 + a/an + 명사
how	how형어명	how + 형용사 + a/an + 명사
so	so형어명	so + 형용사 + a/an + 명사

[시험문법 2]

'a/an + 형용사 + 명사' 어순 정리(명사가 복수형일 때는 a/an 제외)		
종류	암기법	용법
such	such어형명	such + a/an + 형용사 + 명사
what	what어형명	what + a/an + 형용사 + 명사

[시험문법 3]

'결과적으로'를 뜻하는 단어/표현 정리

as a result, consequently, so, therefore, thus

[시험문법 4]

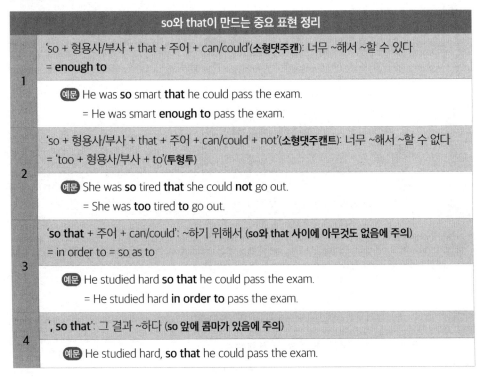

	so와 that이 만드는 중요 표현 정리
1	'so + 형용사/부사 + that + 주어 + can/could'(소형댓주캔): 너무 ~해서 ~할 수 있다 = enough to 예문 He was **so** smart **that** he could pass the exam. 　　= He was smart **enough to** pass the exam.
2	'so + 형용사/부사 + that + 주어 + can/could + not'(소형댓주캔트): 너무 ~해서 ~할 수 없다 = 'too + 형용사/부사 + to'(투형투) 예문 She was **so** tired **that** she could **not** go out. 　　= She was **too** tired **to** go out.
3	'so that + 주어 + can/could': ~하기 위해서 (so와 that 사이에 아무것도 없음에 주의) = in order to = so as to 예문 He studied hard **so that** he could pass the exam. 　　= He studied hard **in order to** pass the exam.
4	', so that': 그 결과 ~하다 (so 앞에 콤마가 있음에 주의) 예문 He studied hard, **so that** he could pass the exam.

S

so A as to B

너무 A해서 B하다('so as to'는 '~하기 위해서'임에 주의)

so A that B

1. 뜻: 너무 A해서 B하다

2. enough to: '~하기에 충분하다'로 바꿔 쓸 수 있음

[시험문법]

	so와 that이 만드는 중요 표현 정리
1	'so + 형용사/부사 + that + 주어 + can/could'(**소형댓주캔**): 너무 ~해서 ~할 수 있다 = **enough to** 예문 He was **so** smart **that** he could pass the exam. 　　= He was smart **enough to** pass the exam.
2	'so + 형용사/부사 + that + 주어 + can/could + not'(**소형댓주캔트**): 너무 ~해서 ~할 수 없다 = 'too + 형용사/부사 + to'(**투형투**) 예문 She was **so** tired **that** she could **not** go out. 　　= She was **too** tired **to** go out.
3	'so that + 주어 + can/could': ~하기 위해서 (**so와 that 사이에 아무것도 없음에 주의**) = in order to = so as to 예문 He studied hard **so that** he could pass the exam. 　　= He studied hard **in order to** pass the exam.
4	', so that': 그 결과 ~하다 (**so 앞에 콤마가 있음에 주의**) 예문 He studied hard, **so that** he could pass the exam.

so as to

~하기 위해서(= in order to) (주의!: so A as to B: 너무 A해서 B하다)

---

so that

1. 뜻: ~하기 위해서(so와 that 사이에 아무것도 없음에 주의)

2. 'in order to', 'so as to'로 바꿔 쓸 수 있음

3. so 앞에 콤마가 있으면 '그 결과 ~하다'라는 뜻

4. so A that B: 너무 A해서 B하다 (so와 that 사이에 형용사/부사가 있음에 주의)

[시험문법]

so와 that이 만드는 중요 표현 정리	
1	'so + 형용사/부사 + that + 주어 + can/could'(**소형댓주캔**): 너무 ~해서 ~할 수 있다 = **enough to** 예문 He was **so** smart **that** he could pass the exam. = He was smart **enough to** pass the exam.
2	'so + 형용사/부사 + that + 주어 + can/could + not'(**소형댓주캔트**): 너무 ~해서 ~할 수 없다 = 'too + 형용사/부사 + to'(**투형투**) 예문 She was **so** tired **that** she could **not** go out. = She was **too** tired **to** go out.
3	'so that + 주어 + can/could': ~하기 위해서 (**so와 that 사이에 아무것도 없음에 주의**) = in order to = so as to 예문 He studied hard **so that** he could pass the exam. = He studied hard **in order to** pass the exam.
4	', so that': 그 결과 ~하다 (**so 앞에 콤마가 있음에 주의**) 예문 He studied hard, **so that** he could pass the exam.

S

some

어떤 일부

[시험문법]

분류를 나타내는 표현 정리

1. 원소를 하나씩 분류

원소를 하나씩 분류		
	집합 2개	집합 3개
원소 2개인 경우	one, the other	–
원소 3개인 경우	one, the others	one, another, the other
원소 4개 이상인 경우	one, the others	one, another, the others

2. 원소를 여러 개 씩 묶어서 분류

원소를 여러 개 씩 묶어서 분류		
	집합 2개	집합 3개
범위가 명확하지 않은 모집단	some, others	some, others, still others
범위가 명확한 모집단	some, the others	some, others, still the others

sort of

일종의

sound

1. 뜻: ~처럼 들린다
2. 감각동사로 'sound + 형용사', 'sound like + 명사'

[시험문법]

감각동사 용법 정리

1. **감각동사의 종류**: look, smell, taste, sound, feel 등

   ※ 얼굴을 떠올림: 눈, 코, 입, 귀, (볼)의 느낌

2. **용법**

   1) 감각동사 + **형용사**

   2) 감각동사 + **like** + **명사**

3. **주의사항**

   1) 2형식으로 쓰일 경우 이를 감각동사라 함

   2) 같은 단어라도 3형식/5형식으로 쓰이면 지각동사라 함

---

speak ill of

~을 나쁘게 말하다

---

speak out

털어놓고 말하다

---

speak well of

~을 좋게 말하다

---

spend

소비하다

[시험문법]

spend 관련 표현 정리	
spend + **시간** + (in) + **~ing**	~하는데 시간을 보내다(스시인~ing)
spend + 돈 + on + 명사	~하는데 돈을 쓰다(스돈온명)

---

stand for

상징하다

---

stand out

두드러지다

---

stop

1. 뜻: 멈추다

2. 뒤에 동명사가 올 때와 to부정사가 올 때 뜻이 다름

   1) 뒤에 **동명사**가 올 때: ~하는 것을 멈추다

   2) 뒤에 **to부정사**가 올 때: ~하기 위해 멈추다 (to부정사 부사적 용법 중 '목적')

[시험문법]

뒤에 동명사가 올 때와 to부정사가 올 때 뜻이 다른 동사 정리			
뒤에 동명사가 올 때		뒤에 to부정사가 올 때	
stop ~ing	~하는 것을 멈추다	**stop to**	~하기 위해 멈추다
forget ~ing	(**과거**에) ~한 것을 잊다	**forget to**	(**미래**에) ~할 것을 잊다
try ~ing	~하는 것을 시도해 보다	**try to**	~하려고 노력하다
remember ~ing	(**과거**에) ~한 것을 기억하다	**remember to**	(**미래**에) ~할 것을 기억하다

영만사 암기법

뒤에 동명사가 올 때와 to부정사가 올 때

뜻이 다른 동사 정리

스·포·트·리

stop, forget, try, remember

---

stop for

~에 들르다

---

subject

주제, 피실험자

---

such

1. 뜻: 그런

2. 어순: **such어형명**(such + a/an + 형용사 + 명사)

3. such as: 예를 들면

[시험문법 1]

'형용사 + a/an + 명사' 어순 정리(명사가 복수형일 때는 a/an 제외)		
종류	암기법	용법
as	as형어명	as + 형용사 + a/an + 명사
how	how형어명	how + 형용사 + a/an + 명사
so	so형어명	so + 형용사 + a/an + 명사

S

161

[시험문법 2]

종류	암기법	용법
such	such어형명	such + a/an + 형용사 + 명사
what	what어형명	what + a/an + 형용사 + 명사

'a/an + 형용사 + 명사' 어순 정리(명사가 복수형일 때는 a/an 제외)

---

such as

~같은

---

suffer from

~로 고통 받다

---

suggest

1. 뜻: 제안하다

2. suggest 뒤에 that절이 오면, that절 안에 should를 써야 하고 이 should는 생략 가능 (should 특별용법 1)

3. should가 생략된 후에도, should 뒤에 있던 동사는 동사원형을 써야 함

[시험문법 1]

Should 특별용법 1

1. '**제안**(suggest)/**주장**(insist)/**요구**(demand)/**조언**(advise)/**명령**(order)'의 뜻을 가진 동사 다음에 오는 that절에는 should를 써야 하고, 이 should는 생략 가능

2. should가 생략된 후에도, should 뒤에 있던 동사는 **동사원형**을 써야 함

영만사 암기법

Should 특별용법 1

제·주·요·조·명

제안, 주장, 요구, 조언, 명령

[시험문법 2]

Should 특별용법 2

1. '**중요**(important)/**필요**(necessary)/**의무**(imperative)/**긴급**(urgent)/**당연**(natural)'의 뜻을 가진 형용사 다음에 오는 that절에는 should를 써야 하고, 이 should는 생략 가능

2. should가 생략된 후에도, should 뒤에 있던 동사는 **동사원형**을 써야 함

영만사 암기법

Should 특별용법 2

중·필·의·긴·당

중요, 필요, 의무, 긴급, 당연

---

take

잡다, (시간이) 걸리다

[주의사항]

take 관련 시간 표현

it takes + 시간 + to: ~하는데 ~의 시간이 걸린다

t

take A for B

A를 B로 (잘못) 알다

take A for granted

A를 당연히 여기다

take advantage of

~를 이용하다

take after

~을 닮다

take care of

~을 돌보다

take ~ into account

~를 고려하다

take into consideration

~을 고려하다

take off

(옷, 모자 등)을 벗다, 이륙하다

take on

(일 등)을 떠맡다

take over

(책임 등)을 떠맡다

take part in

~에 참가하다

take place

발생하다

take the place of

~을 대신하다

t

take turns

교대로 하다

tell A from B

A와 B를 구분하다

tend to

~하는 경향이 있다

than

1. 뜻: ~보다
2. 비교표현 than 뒤의 동사가 be동사/조동사/대동사일 때, than 뒤의 주어 동사가 도치되기도 함

thanks to

1. 뜻: ~때문에, ~덕분에
2. 다음에 명사(구)가 옴

<참고사항>

'~ 때문에'를 뜻하는 표현 정리

on account of = because of = due to = thanks to = owing to

that

1. 지시대명사, 지시형용사, 접속사, 관계대명사, 관계부사로 쓰임
2. 목적절을 이끄는 접속사로 쓰일 경우 생략 가능
3. 동격절을 이끌 때는 앞 단어에 대한 부연 설명
4. 관계대명사로 쓰일 때 that 특별용법 (관계대명사 참조)

5. 부사로 쓰여서 형용사/부사 강조

예 that much 그렇게 많이

[시험문법]

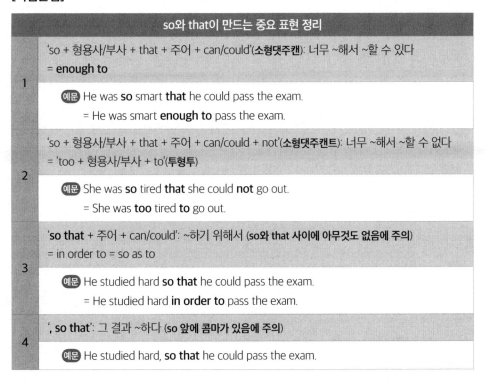

	so와 that이 만드는 중요 표현 정리
1	'so + 형용사/부사 + that + 주어 + can/could'(소형댓주캔): 너무 ~해서 ~할 수 있다 = enough to 예문 He was **so** smart **that** he could pass the exam. = He was smart **enough to** pass the exam.
2	'so + 형용사/부사 + that + 주어 + can/could + not'(소형댓주캔트): 너무 ~해서 ~할 수 없다 = 'too + 형용사/부사 + to'(투형투) 예문 She was **so** tired **that** she could **not** go out. = She was **too** tired **to** go out.
3	'so that + 주어 + can/could': ~하기 위해서 (so와 that 사이에 아무것도 없음에 주의) = in order to = so as to 예문 He studied hard **so that** he could pass the exam. = He studied hard **in order to** pass the exam.
4	', so that': 그 결과 ~하다 (so 앞에 콤마가 있음에 주의) 예문 He studied hard, **so that** he could pass the exam.

---

that is

즉

---

that is because

That's because + 원인 (That is why + 결과)

---

that is why

That is why + 결과 (That's because + 원인)

the

정관사: 명사 앞에 놓여서 가벼운 제한을 가하는 말

[시험문법]

정관사 the를 붙이는 경우

1. 최상급

예문 He is **the** tallest boy in his class.

그는 그의 반에서 키가 제일 크다.

2. 서수사

예문 The shop is on **the** second floor.

그 가게는 2층에 있다.

3. 유일무이한 명사

예 **the** sun, **the** earth, **the** west

4. 대표

예문 **The** dog is smart.

개라는 동물은 똑똑하다.

5. 동작의 대상이 되는 **신체 일부**

예문 I touched him by **the** hand. = I touched his hand.

난 그의 손을 만졌다.

6. 단위명사

예문 This is sold by **the** kg.

이것은 kg 단위로 판매된다.

7. 악기

예문 I can play **the** piano.

난 피아노를 칠 수 있다.

8. 강

예 **the** Han River(한강), **the** Thames(템스강)

9. **철도**

예 **the** Pennsylvania Railroad(펜실베이니아 철도)

10. **산맥**

예 **the** Alps(알프스산맥), **the** Rockies(로키산맥)

11. **바다**

예 **the** Pacific(태평양), **the** Atlantic(대서양)

12. **도로**

예 **the** Kensington Road(켄싱턴가), **the** Cromwell Road(크롬웰가)

13. **관공서**

예 **the** White House(백악관), **the** British Museum(대영박물관)

영만사 암기법

정관사 the를 붙이는 경우

최·서·유·대·신·단·악,
강·철·맥·바·도·관

최상급, **서**수, **유**일, **대**표, **신**체 일부, **단**위 셀 때, **악**기,
강, **철**도, **산맥**, **바**다, **도**로, **관**공서

---

the 비교급, the 비교급: 더비더비

the + 비교급, the + 비교급: ~할수록 ~하다

---

the + 형용사

~한 사람들

the number of

1. 뜻: 그 수

2. 단수취급

[시험문법 1]

'a number of'는 '많은'이라고 해석하고, 복수취급

[시험문법 2]

'많은'의 뜻을 가진 표현 정리		
조건	표현	주의사항
가산명사에 사용	a number of	복수취급
불가산명사에 사용	a great deal of	단수취급
가산명사/ 불가산명사에 사용	a lot of, lots of, plenty of	뒤에 **불가산명사**가 오면 **단수취급**, **가산명사**가 오면 **복수취급**

there

1. 뜻: 거기에

2. there is no need to A: A할 필요가 없다

there + be동사

~이 있다

there are

~들이 있다

there is

~이 있다

there was

~이 있었다

there were

~들이 있었다

thereafter

그 후의

therefore

결과적으로(= as a result = consequently = so = therefore = thus)

think of A as B

A를 B로 생각하다

t

those that

~한 것들

---

those who

~하는 사람들

---

though

1. 뜻: (이미 일어난 사실이) ~임에도 불구하고

2. 뒤에 절이 와야 함

3. 같은 뜻의 despite, in spite of는 뒤에 **구**가 와야 함

<참고사항>

'비록 ~일지라도'/'~임에도 불구하고'라는 의미를 가진 단어/표현 정리	
though	구어표현에 주로 쓰임
although	'though'보다 강하고 문어적 표현
even though	'although'보다 강한 표현
even if	위의 1~3은 '사실이 이미 ~임에도 불구하고', 'even if'는 '가정해서(사실이 아님) ~임에도 불구하고'

> 예문 **Even though** he failed the exam, he did not give up. (시험에 실패했다는 것은 **이미 일어난 사실**)
>
> **Even if** he fails the exam, he will not cry. (시험에 실패한 것은 **아직 일어나지 않은 가정**)

---

thousand

1. 뜻: 천

2. thousands of: 수천의 (복수형 's'에 주의)

[시험문법]

대략적인 숫자를 나타내는 표현 정리	
수십의	dozens of
수백의	hundreds of
수천의	thousands of
수백만의	millions of

thus

결과적으로(= as a result = consequently = so = therefore = thus)

times

~번, ~배

to

용법

1. 전치사: ~에게, ~으로

2. to부정사 ('to부정사' 참조)

to부정사

1. **정의**

   to 뒤에 동사의 원형을 써서, 명사/형용사/부사가 되는 것

2. **기본형**: to + 동사원형

3. **용법**

   1) 종류

(1) **명사적 용법** (해석: ~하는 것, 단수취급)

① 해석: ~하는 것

② 단수취급

예문 **To go** shopping is my hobby.　　(주어로 쓰일 때)

쇼핑 가는 것이 내 취미이다.

I want **to be** a doctor.　　(목적어로 쓰일 때)

나는 의사가 되고 싶디.

My hobby is **to go** shopping.　　(보어로 쓰일 때)

내 취미는 쇼핑 가는 것이다.

(2) **형용사적 용법** (해석: ~한, ~하기 위한)

① 해석: ~한, ~하기 위한

② be to 용법: **예정, 의무, 가능, 운명, 의도**(암기법: 예·의·가·운·의)

예문 I have some friends **to help** me.

나는 나를 도와줄 몇 명의 친구가 있다.

(3) **부사적 용법: 목적, 결과, 감정의 원인, 이유, 조건**

예문 I saved money **to buy** a new smartphone.　(**목적**): ~하기 위해서

나는 새 스마트폰을 사기 위해 돈을 모았다.

He grew up **to be** a doctor.　　　　　(**결과**)

그는 자라서 의사가 되었다.

I am happy **to hear** that.　　　　　(**감정의 원인**)

그것을 들어서 기쁘다.

You must be humble **to say** so.　　　(**이유**)

그렇게 말하는 걸 보니 넌 겸손함에 틀림없어.

I will be happy **to pass** the exam.　　(**조건**)

내가 그 시험을 통과 한다면, 난 행복할 것이다.

2) 기타용법

(1) 의미상의 주어: to부정사의 주체가 문장의 주어와 다른 경우 to부정사 앞에 쓰는 것

① for + 목적격: 일반적인 경우에 사용

② of + 목적격: 사람의 성격을 나타내는 형용사 뒤에 사용

> 예문 This is the smartphone **for** me to buy. It is so **kind of** him to help me.
>
> 이것이 내가 살 스마트폰이다.　　　　그가 나를 도와주는 것은 친절한 행동이다.

(2) 부정: to 바로 앞에 not을 쓴다

[시험문법 1]

영만사 암기법

to부정사 부사적 용법 종류 정리

투·목·결·감·이·조

투부정사 부사적 용법: **목**적, **결**과, 감정의 원**인**, **이**유, 조건

[시험문법 2]

so와 that이 만드는 중요 표현 정리
1
'so + 형용사/부사 + that + 주어 + can/could'(**소형댓주캔**): 너무 ~해서 ~할 수 있다 = **enough to**
예문 He was **so** smart **that** he could pass the exam. 　　= He was smart **enough to** pass the exam.
2
'so + 형용사/부사 + that + 주어 + can/could + not'(**소형댓주캔트**): 너무 ~해서 ~할 수 없다 = 'too + 형용사/부사 + to'(**투형투**)
예문 She was **so** tired **that** she could **not** go out. 　　= She was **too** tired **to** go out.
3
'so that + 주어 + can/could': ~하기 위해서 (so와 that 사이에 아무것도 없음에 주의) = in order to = so as to
예문 He studied hard **so that** he could pass the exam. 　　= He studied hard **in order to** pass the exam.
4
', so that': 그 결과 ~하다 (so 앞에 콤마가 있음에 주의)
예문 He studied hard, **so that** he could pass the exam.

[시험문법 3]

뒤에 동명사가 올 때와 to부정사가 올 때 뜻이 다른 동사 정리			
뒤에 동명사가 올 때		뒤에 to부정사가 올 때	
stop ~ing	~하는 것을 멈추다	stop to	~하기 위해 멈추다
forget ~ing	(과거에) ~한 것을 잊다	forget to	(미래에) ~할 것을 잊다
try ~ing	~하는 것을 시도해 보다	try to	~하려고 노력하다
remember ~ing	(과거에) ~한 것을 기억하다	remember to	(미래에) ~할 것을 기억하다

영만사 암기법

뒤에 동명사가 올 때와 to부정사가 올 때
뜻이 다른 동사 정리

스·포·트·리

stop, forget, try, remember

[시험문법 4]

영만사 암기법

to부정사만 목적어로 가능한 동사 정리

위·원·익·호·디·프

wish, want, expect, hope, decide, promise

[시험문법 5]

영만사 암기법

동명사만 목적어로 가능한 동사 정리

인·피·마·어·스·기·프·서

enjoy, finish, mind, avoid, stop, give up, practice, suggest

---

to부정사 수동태

to부정사 + 수동태(to be + p.p)

---

to부정사 현재완료

to부정사 + 현재완료(to have + p.p)

---

to date

현재까지는

---

to start with

우선

---

too A to B

너무 A해서 B할 수 없다

[시험문법]

so와 that이 만드는 중요 표현 정리
1 'so + 형용사/부사 + that + 주어 + can/could'(**소형댓주캔**): 너무 ~해서 ~할 수 있다 = **enough to** 예문 He was **so** smart **that** he could pass the exam. = He was smart **enough to** pass the exam.
2 'so + 형용사/부사 + that + 주어 + can/could + not'(**소형댓주캔트**): 너무 ~해서 ~할 수 없다 = 'too + 형용사/부사 + to'(**투형투**) 예문 She was **so** tired **that** she could **not** go out. = She was **too** tired **to** go out.
3 '**so that** + 주어 + can/could': ~하기 위해서 (**so와 that 사이에 아무것도 없음에 주의**) = in order to = so as to 예문 He studied hard **so that** he could pass the exam. = He studied hard **in order to** pass the exam.
4 '**, so that**': 그 결과 ~하다 (**so 앞에 콤마가 있음에 주의**) 예문 He studied hard, **so that** he could pass the exam.

---

try

1. 뜻: 시도하다, 노력하다

2. 뒤에 동명사가 올 때와 to부정사가 올 때 뜻이 다름

   1) 뒤에 **동명사**가 올 때: ~하는 것을 시도해 보다

   2) 뒤에 **to부정사**가 올 때: ~하려고 노력하다 (to부정사 명사적 용법)

[시험문법]

뒤에 동명사가 올 때와 to부정사가 올 때 뜻이 다른 동사 정리			
뒤에 동명사가 올 때		뒤에 to부정사가 올 때	
stop ~ing	~하는 것을 멈추다	stop to	~하기 위해 멈추다
forget ~ing	(과거에) ~한 것을 잊다	forget to	(미래에) ~할 것을 잊다
try ~ing	~하는 것을 시도해 보다	try to	~하려고 노력하다
remember ~ing	(과거에) ~한 것을 기억하다	remember to	(미래에) ~할 것을 기억하다

영만사 암기법

뒤에 동명사가 올 때와 to부정사가 올 때
뜻이 다른 동사 정리

스·포·트·리

stop, forget, try, remember

try on

시험 삼아 입어 보다

turn down

(볼륨, 가스불 등)을 줄이다, 거절하다

t

turn off

끄다

turn on

키다

turn out

결과가 나오다, ~로 판명되다

turn over

뒤집어엎다

turn up

(볼륨, 가스불 등)을 키우다, 나타나다

unless

if not

until + 때

~까지

[주의사항]

by와 until 용법 정리	
by + 때	그 시간 **전에** 행동이나 상태가 **끝나도 됨**
until + 때	그 시간까지 행동이나 상태가 **계속됨**

up to

~까지

upon ~ing

~하자마자

urge

urge A to + 동원: A에게 ~하도록 촉구하다

urgent

1. 뜻: 긴급한
2. 'should 특별용법 2'

[시험문법]

Should 특별용법 2

1. '**중요**(important)/**필요**(necessary)/**의무**(imperative)/**긴급**(urgent)/**당연**(natural)'의 뜻을 가진 형용사 다음에 오는 that절에는 should를 써야 하고, 이 should는 생략 가능
2. should가 생략된 후에도, should 뒤에 있던 동사는 **동사원형**을 써야 함

영만사 암기법

Should 특별용법 2

중·필·의·긴·당

중요, 필요, 의무, 긴급, 당연

---

used to

뜻: ~하곤 했다

[시험문법 1]

	‘~하곤 했다’ 표현 정리
used to A	과거의 **상태**나 **동작**에 모두 사용 가능하고, 현재는 A하지 않는다
would A	과거의 **동작**에만 사용 가능하고, 현재는 A하는지 안 하는지 모른다

[시험문법 2]

	‘used to’가 들어있는 표현 정리
be used to + **동사원형**	~하기 위해 사용되다 (**to**부정사 **부사적** 용법 중 ‘**목적**’: **투부목**)
be used to + **‘~ing’**	~하는데 익숙하다
used to + **동사원형**	~하곤 했다 (앞에 be동사가 없음에 주의)

valueless

무가치한(↔ priceless)

vary

다양하다

very

1. 뜻: 매우, 바로(강조)
2. 원급강조(‘비교급강조’ 참조)

vice

부

예 vice president 부통령

---

watch

1. 뜻: ~을 보다

2. 지각동사

[시험문법]

지각동사 용법 정리

1. **정의**: 오감과 관련된 동사가 3형식/5형식으로 쓰일 때, 이를 지각동사라 함

   ※ 얼굴을 떠올림: 눈, 코, 입, 귀, (볼)의 느낌

   예 see, watch, look at, smell, taste, hear, listen to, feel, notice 등

2. **용법**

   1) 3형식: 주어 + 지각동사 + 목적어

   2) 5형식: 주어 + 지각동사 + 목적어 + 목적격보어

3. **주의사항**

   1) 목적격보어로 사용 가능한 것: 동사원형, 형용사, 현재분사, 과거분사 (**to부정사**는 **안됨**에 주의)

   2) 지각동사가 쓰인 문장이 **수동태**로 바뀌면 **목적격보어**가 **to부정사**로 바뀜 ('수동태' 참조)

---

wear out

사용하여 닳게 하다, 지치게 하다

---

were to 가정법

불가능한 미래에 대한 가정 ('가정법' 참조)

what

1. 뜻: 무엇(의문대명사), 무슨(의문형용사), ~하는 것(관계대명사)

2. 의문사, 관계대명사 등으로 쓰임 ('관계대명사' 참조)

3. 감탄문에 쓰임 ('감탄문' 참조)

4. 어순: **what어형명**(what + a/an + 형용사 + 명사)

[시험문법 1]

'형용사 + a/an + 명사' 어순 정리(명사가 복수형일 때는 a/an 제외)		
종류	암기법	용법
as	as형어명	as + 형용사 + a/an + 명사
how	how형어명	how + 형용사 + a/an + 명사
so	so형어명	so + 형용사 + a/an + 명사

[시험문법 2]

'a/an + 형용사 + 명사' 어순 정리(명사가 복수형일 때는 a/an 제외)		
종류	암기법	용법
such	such어형명	such + a/an + 형용사 + 명사
what	what어형명	what + a/an + 형용사 + 명사

what about ~ing

~하는 게 어때

[시험문법]

'~하는 게 어때' 표현 정리

how about ~ing = what about ~ing = what do you say to ~ing = why don't you + 동사원형

what do you say to ~ing

~하는 게 어때

what if

~라면 어떨까(가정법)

what to

1. 해석: 무엇을 해야 할 지

2. '의문사 + 주어 + should + 동사원형'으로 바꿔 쓸 수 있음

when

1. 의문사: 언제

2. 접속사: 때

   [주의사항]
   시간부사절에서는 현재가 미래를 대신

3. 관계부사 (관계부사 참조)

when it comes to

~에 대해서는

when to

1. 뜻: 언제 ~해야 할지

2. 'when + 주어 + should + 동사원형'으로 바꿔 쓸 수 있음

W

whenever

~할 때마다 (복합관계사 참조)

where

1. 의문사: 어디
2. 관계부사 (관계부사 참조)

where to

1. 뜻: 어디로 ~해야 할지
2. 'where + 주어 + should + 동사원형'으로 바꿔 쓸 수 있음

whereas

반면에

whether

1. 뜻: ~인지 아닌지
2. 명사절을 이끔

[시험문법]

명사절은 이끄는 if와 다른 점

1. **주어절/보어절**로 쓸 수 있음
2. 바로 앞에 **전치사**를 쓸 수 있음
3. 바로 뒤에 **to부정사**를 쓸 수 있음
4. 바로 뒤에 'or not'을 쓸 수 있음

which

1. 의문사대명사: 어느 것
2. 의문형용사: 어느
3. 관계대명사: 계속적 용법으로 쓰일 때, 앞 문장 전체를 받는 경우가 있음 (관계대명사' 참조)

while

1. ~하는 동안
2. 반면에

why

1. 의문부사: 왜
2. 관계부사 (관계부사' 참조)

why don't you + 동사원형

~하는 게 어때

[시험문법]

'~하는 게 어때' 표현 정리

how about ~ing = what about ~ing = what do you say to ~ing = why don't you + 동사원형

willing

be willing to: 기꺼이 ~하다

wish

1. 뜻: ~를 바라다
2. 'I wish' 가정법에 사용됨 ('가정법' 참조)

with

1. 전치사: ~와 함께
2. with 분사구문 ('분사구문' 참조)

without

1. 전치사: ~없이
2. without 가정법: ~이 없다면 ('가정법' 참조)

won't

'will not'의 줄임말

work

1. 동사: 일하다, 효과가 있다
2. 명사: 일, 작품

would

1. will의 과거형
2. '~하곤 했다'

[시험문법 1]

'~하곤 했다' 표현 정리	
used to A	과거의 **상태**나 **동작**에 모두 사용 가능하고, 현재는 A하지 않는다
would A	과거의 **동작**에만 사용 가능하고, 현재는 A하는지 안 하는지 모른다

[시험문법 2]

'used to'가 들어있는 표현 정리	
be used to + **동사원형**	~하기 위해 사용되다 (to부정사 **부사적** 용법 중 '**목적**': **투부목**)
be used to + '**~ing**'	~하는데 익숙하다
used to + **동사원형**	~하곤 했다 (앞에 be동사가 없음에 주의)

would have p.p

~했어야 했었는데, 하지 못했다 (그 당시에 시도했으나, 안됐다)

[시험문법]

'조동사 + have + 과거분사' 정리	
can not have p.p	~했을 리가 없다
could have p.p	~했었을 수도 있었는데, **하지 않았다**
could not have p.p	~을 시도했었어도 불가능했다
may have p.p	~했을지도 모른다
might have p.p	~했을지도 모른다 (may보다 약한 뜻)
must have p.p	~이었음에 틀림없다
should have p.p	~했어야 했었는데, 하지 않았다 (그 당시에 아예 **시도하지 않았다**)
would have p.p	~했어야 했었는데, 하지 못했다 (그 당시에 **시도했으나, 안됐다**)

w

would like to

~하고 싶다

year

(1년 열두 달로 이뤄진) 해

[시험문법]

'year old' / 'years old' 용법 정리		
	'year old'	'years old'
용법	뒤에 명사가 옴	뒤에 명사 안 옴
예문	He is a three **year** old **boy**.	He is three **years** old.

yet

그러나

PART 4

한글

'한글 맞춤법 규정' 한글 자모음 배열 순서	
자음(19자)	ㄱ ㄲ ㄴ ㄷ ㄸ ㄹ ㅁ ㅂ ㅃ ㅅ ㅆ ㅇ ㅈ ㅉ ㅊ ㅋ ㅌ ㅍ ㅎ
모음(21자)	ㅏ ㅐ ㅑ ㅒ ㅓ ㅔ ㅕ ㅖ ㅗ ㅘ ㅙ ㅚ ㅛ ㅜ ㅝ ㅞ ㅟ ㅠ ㅡ ㅢ ㅣ
받침(27자)	ㄱ ㄲ ㄳ ㄴ ㄵ ㄶ ㄷ ㄹ ㄺ ㄻ ㄼ ㄽ ㄾ ㄿ ㅀ ㅁ ㅂ ㅄ ㅅ ㅆ ㅇ ㅈ ㅊ ㅋ ㅌ ㅍ ㅎ

가목적어

가짜 목적어로, 목적어가 긴 경우 진짜 목적어(진목적어) 자리에 가목적어 it을 쓰고 진목적어는 맨 뒤로 보냄

가산명사

1. 뜻: 셀 수 있는 명사
2. 종류: 집합명사, 보통명사

<참고사항>

불가산명사
1. 뜻: 셀 수 없는 명사
2. 종류: 고유명사, 물질명사, 추상명사

가정법

1. 정의

사실을 있는 그대로 말하는 것이 아니라, '만약 ~라면(였다면) ~할(했을) 텐데'와 같이 가정해서 표현하는 것

2. 기본형 (과주우, 해드과주우)

가정법 기본형 (과주우, 해드과주우)		
종류	기본형	
가정법 과거 (과주우)	If절	주절
	If + 주어 + **과거동사**	**주어** + **would**(우)/could/might
가정법 과거완료 (해드과주우)	If절	주절
	If + 주어 + **had** + **과거분사**	**주어** + **would**(우)/could/might + have + 과거분사

3. 용법

1) 종류별 실제 시제

가정법 종류별 실제 시제	
	실제 시제
가정법 과거	**현재**에 대한 이야기
가정법 과거완료	**과거**에 대한 이야기

2) 혼합 가정법

'if절'의 시제와 '주절'의 시제가 다른 경우

혼합 가정법 기본형		
실제시제	기본형	
과거, 현재	If절: 가정법 과거완료	주절: 가정법 과거
	If + 주어 + **had** + **과거분사**	주어 + **would**(우)/could/might
현재, 과거	If절: 가정법 과거	주절: 가정법 과거완료
	If + 주어 + **과거동사**,	주어 + **would**(우)/could/might + have + 과거분사

3) 기타 가정법과 용법

(1) as if / as though 가정법

① 해석: 마치 ~처럼

예문 He acts **as if** he **were** rich. 그는 그가 부자인 것처럼 행동한다(사실은 부자가 아니다)

193

② 기본형: 가정법 기본형의 'if절' 규칙을 그대로 따름

[주의사항]

주절의 시제를 중심으로

주절의 시제와 일치하면 '가정법 과거', 앞서면 '가정법 과거완료'를 사용함

as if/though 가정법 기본형		
주절이 시제	as if/though 절 시제	해석
현재	가정법 과거	마치 ~처럼 ~한다 He **acts** as if he **were** rich. 그는 마치 그가 부자인 것처럼 행동한다
현재	가정법 과거완료	마치 ~였던 것처럼 ~한다 He **acts** as if he **had been** rich. 그는 마치 그가 부자였던 것처럼 행동한다
과거	가정법 과거	마치 ~처럼 ~했다 He **acted** as if he **were** rich. 그는 마치 그가 부자인 것처럼 행동했다
과거	가정법 과거완료	마치 ~였었던 것처럼 ~했다 He **acted** as if he **had been** rich. 그는 마치 그가 부자였었던 것처럼 행동했다

(2) I wish 가정법

① 해석: ~라면 좋겠다

> 예문 **I wish** I **were** rich. 나는 내가 부자라면 좋겠다 (사실은 부자가 아니다)

② 기본형: 가정법 기본형의 'if절' 규칙을 그대로 따름

[주의사항]

주절의 시제를 중심으로

주절의 시제와 일치하면 '가정법 과거', 앞서면 '가정법 과거완료'를 사용함

I wish 가정법 기본형		
주절의 시제	종속절 시제	해석
현재	가정법 과거	~라면 좋을 텐데 I wish I were rich. 내가 부자라면 좋을 텐데
	가정법 과거완료	~였다면 좋을 텐데 I wish I had been rich. 내가 부자였다면 좋을 텐데
과거	가정법 과거	~라면 좋았을 텐데 I wished I were rich. 내가 부자라면 좋았을 텐데
	가정법 과거완료	~였더라면 좋았을 텐데 I wished I had been rich. 내가 부자였더라면 좋았을 텐데

(3) but for / without 가정법

해석: ~이 없다면, ~이 없었다면

but for / without 가정법 기본형	
	but for / without
가정법 과거 (현재) ~이 없다면	= If it were not for = Were it not for
가정법 과거완료 (과거) ~이 없었다면	= If it had not been for = Had it not been for

4. 주의사항

1) 가정법 과거에서 If절의 동사가 be동사일 경우: 항상 were

2) If절에 were to가 들어가면: 불가능한 미래, 주절의 조동사는 과거형

3) If절에 should가 들어가면: 가능성 거의 없는 현재나 미래

4) If의 생략: 동사를 맨 앞에 위치시킨다(도치)

5. 필수 암기 예문

1) 가정법 과거 (과주우) - 현재에 대한 이야기

If I **were** a bird, I **could** fly to you.

= As I am not a bird, I can't fly to you.

만약 내가 새라면, 너에게 날아갈 수 있을 텐데.

2) 가정법 과거완료 (해드과주우) - 과거에 대한 이야기

If you **had worked** harder, you **would have succeeded**.

= As you did not work harder, you did not succeed.

네가 더 열심히 일했었다면, 성공했었을 텐데.

3) if절에 'were to'가 있는 가정법: 실현 **불가능한 미래**에 대한 가정

If the sun **were to** rise in the west, I **would** do it.

해가 서쪽에서 뜬다면, 난 그것을 할 것이다. (해가 서쪽에서 뜨는 것은 불가능)

4) if절에 should가 있는 가정법: **가능성이 거의 없는 현재나 미래**에 대한 가정

If it **should** snow today, I will not go out.

오늘 눈이 온다면, 나가지 않을 것이다. (눈 올 가능성이 거의 없음)

5) if 생략 - 도치

If I were rich, I would buy the car.

(if 생략) → **Were** I rich, I would buy the car.

내가 만약 부자라면, 그 차를 살 텐데.

[시험문법]

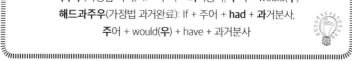

영만사 암기법

가정법 기본형 규칙 정리

과·주·우, 해드·과·주·우

과주우(가정법 과거): If + 주어 + **과거동사**, 주어 + would(**우**)

해드과주우(가정법 과거완료): If + 주어 + **had** + **과거분사**,

주어 + would(**우**) + have + 과거분사

가주어

가짜 주어로, 주어가 긴 경우 진짜 주어(진주어) 자리에 가주어 it을 쓰고 진주어는 맨 뒤로 보냄 (진주어: to부정사, 명사절, 동명사)

간접목적어

4형식에 쓰이는 목적어로, 일반적으로 '~에게'로 해석됨

간접의문문

명사 자리(주어, 목적어, 보어, 전치사 뒤)에 들어간 의문문

간접의문문 / 직접의문문 비교		
차이점	간접의문문	직접의문문
역할	어떤 절 안에서 명사 역할 (주어, 목적어, 보어, 전치사 뒤)	자체가 하나의 주된 역할
어순	의문사 + 주어 + 동사	의문사 + 동사 + 주어
예문	I know who he is.	Who is he?

간접화법

누군가가 한 말을 화자가 청자에게 전달하는 방법 (화법 전환' 참조)

직접화법 / 간접화법 비교		
	직접화법	간접화법
정의	누군가가 한 말을 그대로 반복해서 전달하는 것	누군가가 한 말을 보고하는 형식으로 전달하는 것
예문	He said to me, "I am hungry".	He told me that he was hungry.

감각동사

1. **정의**: 오감과 관련된 동사가 2형식으로 쓰일 때, 이를 감각동사라고 함

   ※ 얼굴을 떠올림: 눈, 코, 입, 귀, (볼)의 느낌

   예 look, smell, taste, sound, feel 등

2. **용법**

   1) 감각동사 + **형용사**

   2) 감각동사 + **like** + **명사**

3. **주의사항**

   1) 2형식으로 쓰일 경우 이를 감각동사라고 함

   2) 같은 단어라도 3형식/5형식으로 쓰이면 지각동사라고 함

[시험문법]

지각동사 용법 정리

1. **정의**: 오감과 관련된 동사가 3형식/5형식으로 쓰일 때, 이를 지각동사라 함

   ※ 얼굴을 떠올림: 눈, 코, 입, 귀, (볼)의 느낌

   예 see, watch, look at, smell, taste, hear, listen to, feel, notice 등

2. **용법**

   1) 3형식: 주어 + 지각동사 + 목적어

   2) 5형식: 주어 + 지각동사 + 목적어 + 목적격보어

3. **주의사항**

   1) 목적격보어로 사용 가능한 것: 동사원형, 형용사, 현재분사, 과거분사 (**to부정사**는 **안됨**에 주의)

   2) 지각동사가 쓰인 문장이 **수동태**로 바뀌면 **목적격보어**가 **to부정사**로 바뀜 ('수동태' 참조)

감탄문

1. **정의**: 감탄을 표현하는 문장

2. **기본형**

　1) what으로 시작하는 감탄문

　　(1) 특징: 명사에 초점

　　(2) 어순: what + a/an + 형용사 + 명사 + (주어 + 동사) (왓어형명주동)

　　　예문 What a smart boy he is!

　2) how로 시작하는 감탄문

　　(1) 특징: 형용사에 초점

　　(2) 어순: how + 형용사 + a/an + 명사 + (주어 + 동사) (하우형어명주동)

　　　예문 How smart a boy he is!

[시험문법]

영만사 암기법

감탄문 어순정리

왓·어·형·명·주·동,
하우·형·어·명·주·동

what + a/an + 형용사 + 명사 + (주어 + 동사)
how + 형용사 + a/an + 명사 + (주어 + 동사)

감탄사

놀람, 느낌, 부름이나 대답을 나타내는 낱말

강조 관련 용법

1. **비교급 강조**: 비교급 앞에 a lot, still, much, far, even을 씀, 생략 가능 (어스머파이)

2. **최상급 강조**: 최상급 앞에 quite, pretty, much, by far를 씀, 생략 가능 (콰프머바)

3. **동사 강조**: 동사 앞에 do를 씀, 생략 가능

4. **재귀대명사**

   1) **재귀 용법**: 목적어로 쓰인 경우로 생략 불가

   2) **강조 용법**: 문장 구성 요소가 아니므로 생략 가능

5. **'it', 'that' 강조구문**

   1) 강조하고자 하는 요소를 'it + be동사'와 'that' 사이에 넣고, 나머지 부분을 that 뒤에 쓴 것

   2) 강조 요소가 사람인 경우는 that 대신 who 가능

강조구문(it that 강조구문)

1. 강조하고자 하는 요소를 'it + be동사'와 'that' 사이에 넣고, 나머지 부분을 that 뒤에 쓴 것

2. 강조 요소가 사람인 경우는 that 대신 who 가능

계속적 용법

1. **정의**

   관계사 앞에 콤마가 있는 경우

2. **용법**

   1) **관계대명사**: '접속사 + 대명사'로 바꿔 쓸 수 있음

   2) **관계부사**: '접속사 + 부사'로 바꿔 쓸 수 있음

   [주의사항]

   관계부사 중 where, when만 계속적 용법 가능

   3) 관계사로 쓰인 that은 계속적 용법 불가능

고유명사

1. 정의

사람 이름, 나라 이름 등

(예) Korea, Picasso, Seoul

2. 용법

1) **대문자**로 시작

2) 불가산명사이므로, 부정관사 a/an을 쓰지 않고 복수형이 없음

3) 뜻 변화 없이, 정관사 the를 사용하는 경우들이 있음 ('정관사'편 참조)

(예) the sun(태양, 유일무이한 것), the Han River(한강, 강), the White House(관공서) 등

3. 주의사항

1) the + '성' 복수형: ~집안 사람들

(예문) They are the Kims.   그들은 김씨 집안 사람들이다.

2) a/an + 사람

(1) 어떤 ~라는 사람

(예문) I met a Mr. Kim.   나는 어떤 김씨를 만났다.

(2) ~같은 사람

(예문) He will be an Einstein.   그는 아인슈타인 같은 사람이 될 것이다.

3) a/an을 써서 **단수**로, s를 붙여 **복수**로 쓰는 경우: **구체적인** '~의 제품', '~의 작품'

(예문) I bought a Ferrari.   나는 페라리를 샀다.
       I bought a Renoir.   나는 르누아르의 작품 하나를 샀다.

과거분사

1. 분사

동사에 'ing'(현재분사)나 'ed'(과거분사)를 붙여 **동사적, 부사적, 형용사적 기능**을 하는 것

2. 과거분사

1) 동사적 기능

수동태(be + p.p), 현재완료(have + p.p)에 활용되는 경우

2) 부사적 기능

분사구문에 활용되는 경우

3) 형용사적 기능

한정용법, 서술용법으로 활용되는 경우

분사의 형용사적 용법 비교		
	한정용법	서술용법
정의	명사 앞·뒤에서 명사를 수식	보어로 쓰임
해석(수동의 의미)	~된	~된 상태로
예문	There is a **broken** bottle.	I was **bored** during the trip.

4) 명사를 후치수식(뒤에서 꾸며주는)하는 경우

앞의 명사와 과거분사 사이에 '**주격관계대명사 + be동사**'가 **생략**된 것으로 봄

예문 I found a letter written in English.

I found a letter (**which was**) written in English.

3. 전치사처럼 활용되는 분사

분사이지만, 뒤에 **명사**가 오는 **전치사처럼 활용**됨

전치사처럼 활용되는 분사 정리	
based on	~에 근거하면
concerning	~에 관해서
considering	~을 고려할 때
depending on	~에 따라
given	~을 고려할 때
including	~을 포함하여
regarding	~에 관해서

[시험문법]

동사 과거형/과거분사형 만드는 규칙 정리

일반적으로는 **ed**를 붙이나 아래와 같은 예외를 갖는다.

1. **자와**: (자음 + y)로 끝나면, y를 i로 고치고 ed

   예 study - studied

2. **단모단자일**: (단모음 + 단자음)으로 끝나는 1음절 동사. 자음 하나 더 쓰고 ed

   예 stop - stopped

3. **강모단자이**: (강세 있는 모음 + 단자음)으로 끝나는 2음절 동사. 자음 하나 더 쓰고 ed

   예 prefer - preferred

4. **c**: k붙이고 ed

   예 picnic - picnicked

영만사 암기법

동사 과거형/과거분사형 만드는 규칙 정리

1. 자와
2. 단모단자일
3. 강모단자이
4. c

과거시제

과거에 했던 일이나 과거의 상태, 역사적인 사실 등에 대해 말할 때 쓰는 시제

과거완료

1. 정의

과거(대과거)의 어느 때 시작해서 **과거의 한 시점**까지 이어졌던 동작/상태를 나타내는 것으로, 시간의 덩어리

2. 기본형: had + p.p

3. 과거완료와 현재완료 비교

과거완료와 현재완료 비교		
비교 항목	과거완료	현재완료
기본형	had + p.p	have + p.p
시점	**과거**(대과거)에서 **과거까지 시간의 덩어리**	**과거**에서 **현재까지 시간의 덩어리**
용법	현재완료와 같음	'현재완료' 참조

과거완료진행형

1. 진행형: 어느 한 순간에 진행되고 있는 **동작**에 **초점**을 둔 표현

2. 시제에 따른 진행형

시제에 따른 진행형					
명칭	과거완료 진행형	과거 진행형	현재완료 진행형	현재 진행형	미래완료 진행형	미래진행형
기본형	had been ~ing	be동사과거형 ~ing	have/has been ~ing	be동사현재형 ~ing	will have been ~ing	will be ~ing
해석	~해오고 있는 중이었다	~하고 있는 중이었다	~해오고 있는 중이다	~하고 있는 중이다	~해오고 있는 중일 것이다	~하고 있는 중일 것이다

3. 동작이 아닌 **상태**를 나타내는 동사는 일반적으로 **진행형**을 만들지 않음

과거진행형

1. 진행형: 어느 한 순간에 진행되고 있는 **동작**에 **초점**을 둔 표현

2. **시제에 따른 진행형**

	시제에 따른 진행형					
명칭	과거완료 진행형	과거 진행형	현재완료 진행형	현재 진행형	미래완료 진행형	미래진행형
기본형	had been ~ing	be동사과거형 ~ing	have/has been ~ing	be동사현재형 ~ing	will have been ~ing	will be ~ing
해석	~해오고 있는 중이었다	~하고 있는 중이었다	~해오고 있는 중이다	~하고 있는 중이다	~해가고 있는 중일 것이다	~하고 있는 중일 것이다

3. 동작이 아닌 **상태**를 나타내는 **동사**는 일반적으로 **진행형**을 만들지 않음

과분

'과거분사'의 약어 (과거분사 참조)

과분 후치수식

1. 과거분사가 **명사**를 **후치수식**(뒤에서 꾸며주는)하는 경우

2. 앞의 명사와 과거분사 사이에 '**주격관계대명사 + be동사**'가 생략된 것으로 봄

    예문 I found a letter written in English.

    I found a letter (**which was**) written in English.

관계대명사

1. 정의

    두 문장이 있을 때, 앞 문장에 나오는 명사를 대신해 주는 **대명사 역할**과 뒷 문장을
    그 명사에 결합시켜주는 **접속사 역할**을 하는 것

    이때 관계대명사가 이끄는 절의 수식을 받는 명사/대명사를 **선행사**라고 함

2. 기본형 (후훔후즈, 휘치휘치후즈)

선행사 \ 격	주격	목적격	소유격
관계대명사 기본형			
사람	who	who(m)	whose
사물, 동물	which	which	whose / of which
사람, 사물, 동물	that	that	-
사물(선행사 포함)	what	what	-

기타: 복합 관계대명사(-ever), 유사 관계대명사(as, but, than)

3. 용법

1) 'that 특별용법': 반드시 that을 써야 하는 3가지 경우

⑴ 선행사에 all, any, every, no, same, only, very, ~thing이 들어있는 경우

[주의사항]

여기서 '~thing'은 anything, everything 등과 같이 1개의 단어를 말함

⑵ 선행사가 (사람 + 사물) 또는 (사람 + 동물)인 경우

⑶ 선행사가 최상급 또는 서수사로 수식되는 경우

2) 생략 가능한 경우

⑴ '주격 관계대명사 + be동사'

⑵ 목적격 관계대명사

3) 계속적 용법: 관계대명사 바로 앞에 콤마가 있는 경우

⑴ '접속사 + 대명사'로 바꿔 쓸 수 있음

⑵ 관계대명사로 쓰인 that은 계속적 용법 불가능

⑶ 계속적 용법으로 쓰인 which는 앞 문장 전체를 받는 경우가 있음

4. 주의사항

1) 목적격 관계대명사라도 앞에 전치사가 오면 생략 불가능

2) 관계대명사 that 앞에는 전치사를 둘 수 없고, 계속적 용법으로 사용할 수 없음

3) 관계대명사 what은 '~하는 것'으로 해석하고 'the thing which'로 바꿀 수 있으며, 선행사를 포함하므로 앞에 **선행사**가 **없음**

4) '**전치사 + 관계대명사**'는 관계부사로 바꾸어 쓸 수 있음

5. 예문

1) 주격 관계대명사 - 관계대명사를 가렸을 때, 뒤에 **주어**가 **없음**

This is **the car**.	이것이 그 차다.
This was made in Korea.	이것은 한국에서 만들어졌다.
→ This is the car (**which was**) made in Korea.	이것이 한국에서 만들어진 차다.

2) 목적격 관계대명사 - 관계대명사를 가렸을 때, 뒤에 **목적어**가 **없음**

The bird is alive.	그 새는 살아있다.
I caught **it** today.	내가 오늘 그새를 잡았다.
→ The bird (**which**) I caught today is alive.	내가 오늘 잡은 그새는 살아있다.

3) 소유격 관계대명사

I know **the boy**.	나는 그 소년을 안다.
His brother lives in Italy.	그의 형은 이탈리아에 산다.
→ I know the boy, **whose** brother lives in Italy.	나는 이탈리아에 형이 살고 있는 그 소년을 안다.
(계속적 용법: 앞에 콤마가 있음)	

4) 전치사 + 관계대명사 - 관계부사로 바꾸어 쓸 수 있음

I know **the house**.	나는 그 집을 안다.
He lives in **the house**.	그가 그 집에 산다.
→ I know the house (**which**) he lives in.	나는 그가 사는 집을 안다.
→ I know the house **in which** he lives.	(생략 불가능: 앞에 전치사가 있으므로)
→ I know the house **where** he lives.	(전치사 + 관계대명사 = 관계부사)

[시험문법]

영만사 암기법

관계대명사 'that 특별용법' 단어 정리

올·애·에·노·세·온·베·씽

all, any, every, no, same, only, very, ~thing

관계대명사 계속적 용법

관계대명사 바로 앞에 **콤마**가 있는 경우

[시험문법]

관계대명사 계속적 용법 정리

1. '섭속사 + 내명사'로 바꿔 쓸 수 있음
2. 관계대명사로 쓰인 **that**은 **계속적 용법 불가능**
3. 계속적 용법으로 쓰인 **which**는 **앞 문장 전체**를 받는 경우가 있음

관계대명사 that 특별용법

관계대명사로 **반드시 that**을 써야 하는 3가지 경우

1. 선행사에 all, any, every, no, same, only, very, ~thing이 들어있는 경우

   [주의사항]

   여기서 '~thing'은 anything, everything 등과 같이 1개의 단어를 말함

2. 선행사가 (사람 + 사물) 또는 (사람 + 동물)인 경우

3. 선행사가 **최상급** 또는 **서수사**로 수식되는 경우

관계부사

1. 정의

   두 문장이 있을 때, 앞 문장에 나오는 명사를 대신해 주는 **부사 역할**과 뒷 문장을

   그 명사에 결합시켜 주는 **접속사 역할**을 하는 것

   이때 관계부사가 이끄는 절의 수식을 받는 명사/대명사를 **선행사**라고 함

   (**간단 정의**: 두 문장을 연결할 때 사용하는 것)

2. 기본형

종류	선행사	'전치사 + 관계대명사'로 전환 시 사용되는 전치사	주의사항
		관계부사 기본형		
where	장소	at/on/in/to **which**	-
when	시간	at/on/in/during **which**	-
why	이유	**for which**	-
how	방법	**in which**	'the way'/'how' 둘 중 하나만 써야 함
that	일반적 경우	**안됨**	관계대명사 that 앞에는 **전치사 불가**

3. 용법

1) 두 문장을 한 문장으로 결합 시, 관계대명사/관계부사선택:

관계사를 이용해 두 문장을 한 문장으로 결합할 때, 뒷 문장의 공통 요소가 전치사 구/부사이면 **관계부사**로 명사이면 **관계대명사**로 결합

공통 요소 앞 문장 - 뒷 문장	관계대명사 / 관계부사 선택
	관계대명사
명사 - 명사	I know **the house. The house** is beautiful. (명사) → I know the house **which** is beautiful. (관계대명사)
	관계대명사 또는 관계부사
명사 - 전치사구	I know **the place.** He studied **in the house.** (전치사구) → I know the place **which** he studied in. (관계대명사) → I know the place **where** he studied. (관계부사)
	관계부사
명사 - 부사	I know **the place.** He studied **there.** (부사) → I know the place **where** he studied. (관계부사)

2) **계속적 용법**: 관계부사 앞에 콤마가 있는 경우

(1) '접속사 + 부사'로 바꿔 쓸 수 있음

(2) 관계부사 중 where, when만 계속적 용법 가능

(3) 관계부사로 쓰인 that은 **계속적 용법 불가능**

3) 관계사를 이용한 문장결합 3단계 '관전바'

   (1) 1단계 '관': 두 문장의 공통 요소를 찾은 후 **관계사**(관계대명사/관계부사)로 연결

   (2) 2단계 '전': 남아 있는 **전치사**를 관계대명사 앞으로 끌어옴

   (3) 3단계 '바': '전치사 + 관계대명사'를 적당한 관계부사로 **바꿈**

문장결합 3단계	관계사를 이용해 두 문장을 한 문장으로 만드는 3단계	
	뒷 문장의 공통 요소가 전치사구	뒷 문장의 공통 요소가 부사/명사
공통 요소	I know **the place**. He studied **in the house**. (전치사구)	I know **the place**. He studied **there**. (부사) I know the place. He drew **the place**. (명사)
1단계 '관'	I know the place **which** he studied in. (관계대명사)	I know the place **where** he studied. (관계부사) I know the place **which** he drew. (관계대명사)
2단계 '전'	I know the place **in** which he studied. (관계대명사)	
3단계 '바'	I know the place **where** he studied. (관계부사)	

4. 주의사항

  1) 'how 특별용법': 반드시 선행사 the way와 관계부사 how 중 하나를 생략해야 함

    예문 I know the way.　 He came here in the way.

      → I know **the way** he came here.　　　(O)

      → I know **how** he came here.　　　(O)

      → I know **the way how** he came here.　(X)

  2) 선행사가 일반적인 것을 지칭하는 경우 선행사 또는 관계부사 생략 가능

    예문 I remember **the time when** we met. (the time 또는 when 생략 가능)

5. 예문

  1) 관계부사 where - 공통 요소가 '(물리적, 시간적) **장소**'

This is **the place**.	이곳이 그 장소이다.
I was born **there**.	나는 그 장소에서 태어났다.
→ This is the place **where** I was born.	이곳이 내가 태어난 장소이다.

  2) 관계부사 when - 공통 요소가 '때'

I like the **month**.	나는 그 달을 좋아한다.
We met **then**.	우리가 그 달에 만났다.
→ I like the month **when** we met.	나는 우리가 만난 그 달을 좋아한다.

3) 관계부사 why - 공통 요소가 '이유'

I know **the reason**.	나는 그 이유를 안다.
He came for **the reason**.	그는 그 이유로 왔다.
→ I know **the reason why** he came.	나는 그가 왔던 이유를 안다.

4) 관계부사 how - 공통 요소가 '방법'

I know **the way**.	나는 그 방법을 안다.
He came here in **the way**.	그는 그 방법으로 여기 왔다.
→ I know **the way** he came here.	나는 그가 여기에 왔던 방법을 안다.
→ I know **how** he came here.	

5) 전치사 + 관계대명사 - 관계부사로 바꾸어 쓸 수 있음

I know **the house**.	나는 그 집을 안다.
He lives in **the house**.	그가 그 집에 산다.
→ I know the house (**which**) he lives in.	나는 그가 사는 집을 안다.
→ I know the house **in which** he lives.	(생략불가능: 앞에 전치사가 있으므로)
→ I know the house **where** he lives.	(전치사 + 관계대명사 = 관계부사)

[시험문법]

영만사 암기법

관계사를 이용한 문장 결합 3단계

관·전·바

1단계 '**관**': 두 문장의 공통 요소를 찾은 후 **관계사**(관계대명사/관계부사)로 연결

2단계 '**전**': 남아 있는 **전**치사를 관계대명사 앞으로 끌어옴

3단계 '**바**': '전치사 + 관계대명사'를 적당한 관계부사로 **바**꿈

관계부사 계속적 용법

계속적 용법: 관계부사 앞에 콤마가 있는 경우

[시험문법]

관계부사 계속적 용법 정리

1. '접속사 + 부사'로 바꿔 쓸 수 있음
2. 관계부사 중 where, when만 계속적 용법 가능
3. 관계부사로 쓰인 **that**은 **계속적 용법 불가능**

관계사

두 문장을 한 문장으로 만들 때 사용하는 것으로, 관계대명사, 관계부사, 관계형용사가 있음

관계형용사

1. which

    1) 계속적 용법

        ⑴ 바로 앞에 콤마가 있음

        ⑵ 해석: '그리고 그 ~'

        > 예문 He told me many things, **which** advice I appreciate.
        >
        > 그는 나에게 많은 것을 이야기했고, 나는 그 충고에 감사한다

    2) 한정적용법

        복합관계부사 'whichever'와 같은 것으로 봄

2. what

    1) 해석: 모든~

    2) 선행사가 없음

3) 'all the'로 바꿔 쓸 수 있음

> 예문 I gave her **what** money I had.
>
> 나는 내가 가진 모든 돈을 그녀에게 주었다

관부

'관계부사'의 약어 ('관계부사' 참조)

관사

1. **정의**: 명사 앞에 놓여서 가벼운 제한을 가하는 말

2. **기본형**: 정관사 the, 부정관사 a/an

3. **용법**

   1) **부정관사 a/an을 붙이는 경우**

      (1) **막연한 하나**

      > 예문 There is **a** pen on the desk.　　　책상 위에 펜이(막연한 하나) 있다.

      (2) **분명한 하나**

      > 예문 Finish this job within **a** day.　　　이 일을 하루(분명한 하나) 안에 끝내라.

      (3) **같은**

      > 예문 We are of **an** age.　　　우리는 같은 나이다.

      (4) **마다**

      > 예문 I go there once **a** week.　　　나는 거기에 일주일마다 간다.

      (5) **어떤**

      > 예문 I met **a** Mr. Kim.　　　김씨 성을 가진 어떤 사람을 만났어.

      (6) **대표단수**

      > 예문 **A** dog is smart.　　　개라는 동물은 똑똑하다.

영만사 암기법

부정관사 a/an을 붙이는 경우

막·분·같·마·어·대

막연한 하나, **분**명한 하나, **같**은, **마**다, **어**떤, **대**표단수

2) 정관사 the를 붙이는 경우

(1) **최상급**

예문 He is **the** tallest boy in his class.　　그는 그의 반에서 키가 제일 크다.

(2) **서수사**

예문 The shop is on **the** second floor.　　그 가게는 2층에 있다.

(3) **유일무이한 명사**

예 **the** sun, **the** earth, **the** west

(4) **대표**

예문 **The** dog is smart.　　　　　　　　　개라는 동물은 똑똑하다.

(5) **동작의 대상이 되는 신체 일부**

예문 I touched him by **the** hand. = I touched his hand.　　난 그의 손을 만졌다.

(6) **단위명사**

예문 This is sold by **the** kg.　　　　　　이것은 kg 단위로 판매된다.

(7) **악기**

예문 I can play **the** piano.　　　　　　난 피아노를 칠 수 있다.

(8) **강**

예 **the** Han River(한강), **the** Thames(템스강)

(9) **철도**

예 **the** Pennsylvania Railroad(펜실베이니아 철도)

(10) **산맥**

예 **the** Alps(알프스산맥), **the** Rockies(로키산맥)

(11) **바다**

> 예 **the** Pacific(태평양), **the** Atlantic(대서양)

(12) **도로**

> 예 **the** Kensington Road(켄싱턴가), **the** Cromwell Road(크롬웰가)

(13) **관공서**

> 예 **the** White House(백악관), **the** British Museum(대영박물관)

영만사 암기법

정관사 the를 붙이는 경우

최·서·유·대·신·단·악, 강·철·맥·바·도·관

최상급, **서**수, **유**일, **대**표, **신**체 일부, **단**위 셀 때, **악**기,
강, **철**도, 산**맥**, **바**다, **도**로, **관**공서

[시험문법]

관사 쓰지 않는 경우

1. 신분

> 예 President Bush(부시 대통령), Queen Elizabeth(엘리자베스 여왕)

2. 식사

> 예문 I will go there after lunch.   난 점심식사 후에 거기 갈 것이다.

3. 가족

> 예문 Mother is cooking.   엄마는 요리하고 있습니다.

4. 운동

> 예문 He is playing tennis.   그는 테니스를 치고 있다.

5. 과목

> 예 mathematics, physics

6. By + 수단

> 예문 I came here by bus.   나는 버스로 여기 왔다.
> I informed him by letter.   나는 편지로 그에게 알렸다.

7. 장소 본래 목적

예문 I went to school.   나는 학교에 갔다.   (공부하러)

I went to the school.   나는 그 학교에 갔다.   (공부 이외의 목적으로)

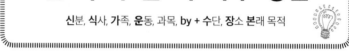

영만사 암기법

관사 쓰지 않는 경우

신·식·가·운·과·바수·장본

신분, 식사, 가족, 운동, 과목, by + 수단, 장소 본래 목적

관용표현

둘 이상의 단어가 합쳐져, 원래의 뜻과는 전혀 다른 새로운 뜻으로 굳어져서 쓰이는 표현

구

2개 이상의 단어로 되어 있으나, 주어나 동사가 없어서 문장이 아닌 것

<참고사항>

절

2개 이상의 단어로 되어 있고, 주어와 동사가 있는 완전한 문장인 것

구동사

1. 동사가 다른 단어와 짝을 이뤄 '구' 형태가 된 것
2. 구동사 중 두 개의 단어로 된 것을 '이어동사'라 함

[시험문법]

동사와 부사로 이루어진 구동사의 어순 (암기법: '동대부')

1. '**동사 + 대명사 + 부사**' ('동사 + 부사 + 대명사'는 틀림에 주의)

2. '동사 + 명사 + 부사' / '동사 + 부사 + 명사'

구문

언어의 구조를 지배하는 규칙

기수 (읽는 법, 만드는 법)

1. 개수 세는 것: 하나, 둘…

2. 기수 읽는 법

  1) 1부터 20까지는 불규칙 (암기해야 함)

  2) 21부터는 '영만사 숫자규칙'을 따름

<영만사 숫자 규칙>

  ⑴ 뒤에서부터 숫자 3개마다 앞에 콤마를 쓰고, 이를 기준으로 읽는 단위가 바뀜

    예 1,000 one thousand / 1,000,000 one million

  ⑵ 단수형을 사용함, 즉 s를 붙이지 않음

    예 777: seven hundred seventy seven (hundreds of people: 수백 명의 사람들)

  [주의사항]

  '막연한 수' 표현에는 s를 붙임

    예 hundreds of: 수백의

<영만사 숫자표> (위: 기수, 아래: 서수)							
1 1st	one first	**11** 11th	eleven eleventh	**21** 21st	twenty one twenty first
2 2nd	two second	**12** 12th	twelve twelfth	**22** 22nd	twenty two twenty second
3 3rd	three third	**13** 13th	thirteen thirteenth	**23** 23rd	twenty three twenty third
4 4th	four fourth	**14** 14th	fourteen fourteenth	**24** 24th	twenty four twenty fourth
5 5th	five fifth	**15** 15th	fifteen fifteenth	**25** 25th	twenty five twenty fifth
6 6th	six sixth	**16** 16th	sixteen sixteenth	**26** 26th	twenty six twenty sixth
7 7th	seven seventh	**17** 17th	seventeen seventeenth	**27** 27th	twenty seven twenty seventh
8 8th	eight eighth	**18** 18th	eighteen eighteenth	**28** 28th	twenty eight twenty eighth
9 9th	nine ninth	**19** 19th	nineteen nineteenth	**29** 29th	twenty nine twenty ninth
10 10th	ten tenth	**20** 20th	twenty twentieth	**30** 30th	thirty thirtieth

40 40th	forty fortieth		
50 50th	fifty fiftieth	**777** seven hundred (and) seventy seven	
60 60th	sixty sixtieth	**7,777** seven thousand seven hundred (and) seventy seven	
70 70th	seventy seventieth	**777,777** seven hundred (and) seventy seven thousand seven hundred (and) seventy seven	
80 80th	eighty eightieth		
90 90th	ninety ninetieth		
100 100th	one hundred one hundredth	hundred	백
		thousand 10^3	천
1,000 1,000th	one thousand one thousandth	million 10^6	백만
		billion 10^9	십억
1,000,000 1,000,000th	one million one millionth	trillion 10^{12}	일조
		quadrillion 10^{15}	천조
		quintillion 10^{18}	백경
1,000,000,000 1,000,000,000th	one billion one billionth	sextillion 10^{21}	십해
		septillion 20^{24}	일자

218

기원문

1. 소망을 표현한 문장
2. 대체로 may로 시작하고 마지막에 느낌표가 있음

예문 May God bless you!　　　　신의 축복이 있기를!

단문

동사를 하나만 갖는 문장

단수

어떤 것의 개수가 '한 개'라는 뜻

<참고사항>

복수: 어떤 것의 개수가 '두 개 이상'이라는 뜻

[시험문법]

'수량 표현 + of + 명사'의 단수취급/복수취급 정리			
수량 표현	+	명사 종류	수 취급
a lot of		단수명사	단수취급
all (of)			
half of			
lots of	+		
most (of)		복수명사	복수취급
some of			
the majority of			
the rest of			
기수 / 서수 / 분수			

대과거

과거의 한 시점보다 더 앞선 과거를 표현하는 말

대동사

앞에 나온 동사의 반복을 피하기 위해, 반복되는 동사 대신 do(does/did)를 씀

> 예문 Did you finish your homework?
>
> Yes, I **did**. (did가 finish를 대신하는 대동사로 쓰임)

대명사

사람이나 사물의 이름을 대신 나타내는 말

대부정사

'to부정사 + 동사원형'에서 '동사원형'을 생략하고 'to부정사'만 쓴 것

> 예문 Do you want to read the book?
>
> Yes, I want **to**. ('to부정사' 뒤에 'read the book'이 생략되었음)

대표단수

사물/동물 등의 한 종류 전체를 단수형태로 표현한 것

> 예문 **A dog** is smart. 개라는 동물은 똑똑하다

도치

1. 주어와 동사의 위치를 바꾸는 것
2. 강조하고자 하는 요소를 문장의 맨 앞으로 보내면, 그 뒤에 오는 주어/동사의 위치
   가 바뀜

[주의사항]

비교표현 than 뒤의 동사가 be동사/조동사/대동사일 때, than 뒤의 주어 동사가 도치되기도 함

독립분사구문

종속절의 주어와 주절의 주어가 달라, 분사구문 만들 때 주어를 남긴 경우

동격

'콤마', 'of', 'that'을 중심으로 왼쪽과 오른쪽이 같음을 표현한 것

동명사

1. 동사에 'ing'붙여 명사된 것
2. 해석: ~하는 것
3. 단수취급

[시험문법 1]

동사 현재분사형/동명사형 만드는 규칙 정리

일반적으로는 **ing**를 붙이나 아래와 같은 예외가 있음

1. **기본적으로 동사의 과거형과 같음**. 하지만 아래와 같은 차이점이 있음('과거분사' 참조)

2. **자와 없음**

3. **e**: e로 끝나면, e빼고 ing

   예 smile - smiling

221

4. ie: ie로 끝나면, ie를 y로 바꾸고 ing

예 lie - lying

영만사 암기법

동사 현재분사형/동명사형 만드는 규칙 정리

1. 동사과거형 규칙과 같음
2. 자와없음
3. e
4. ie

[시험문법 2]

영만사 암기법

동명사만 목적어로 가능한 동사 정리

인·피·마·어·스·기·프·서

enjoy, finish, mind, avoid, stop, give up, practice, suggest

[시험문법 3]

뒤에 동명사가 올 때와 to부정사가 올 때 뜻이 다른 동사 정리			
뒤에 동명사가 올 때		뒤에 to부정사가 올 때	
stop ~ing	~하는 것을 멈추다	stop to	~하기 위해 멈추다
forget ~ing	(과거에) ~한 것을 잊다	forget to	(미래에) ~할 것을 잊다
try ~ing	~하는 것을 시도해 보다	try to	~하려고 노력하다
remember ~ing	(과거에) ~한 것을 기억하다	remember to	(미래에) ~할 것을 기억하다

영만사 암기법

뒤에 동명사가 올 때와 to부정사가 올 때
뜻이 다른 동사 정리

스·포·트·리

stop, forget, try, remember

[시험문법 4]

영만사 암기법

to부정사만 목적어로 가능한 동사 정리

위·원·익·호·디·프

wish, want, expect, hope, decide, promise

동사

사람이나 사물의 움직임 또는 상태를 나타내는 말

동시동작

'분사구문'에 쓰이는 용어로, 두 가지 동작이 동시에 일어나고 있는 것을 말함 (부대상
황'이라고도 함)

동원

'동사원형'의 약어 표기

동접

'동격을 나타내는 접속사'의 약어 표기

등위접속사

같은 위상의 어구를 접속시키는 and, but, or 등

~마다

every를 이용한 '매 ~마다' 표현 정리

every를 이용한 '매 ~마다' 표현 정리	
every + **기수** + 기간(**복수형**)	예 every **two** hours 두 시간마다
every + **서수** + 기간(**단수형**)	예 every **second** hour 두 시간마다

명령문

1. '~해라' / '~하지 마라'를 표현한 문장

2. 동사원형으로 문장 시작

3. **용법**

  1) 명령문 + 'and/or'

    (1) 명령문 + and: ~해라, 그러면

    (2) 명령문 + or: ~해라, 그렇지 않으면

  2) 부가의문문

    (1) 일반 명령문

      will you, won't you 사용

(2) Let's 명령문

shall we 사용

〈참고사항〉

구령 정리	
한국어 구령	영어 구령
우향우	Right face.
좌향좌	Left face.
뒤로 돌아	About face.
앞으로 가	Forward march.
뛰어 가	Double time march.
제자리 걸어	Mark time march.

명사

1. 사람, 사물 등의 이름

2. 종류: **집합**명사, **보통**명사, **고유**명사, **물질**명사, **추상**명사

명사의 종류		
가산명사 (셀 수 있는 명사) ① 단수형/복수형 가능 ② few/many로 수식	**집합명사**	여러 개가 하나의 집합을 이루는 것 예 class, family, team 등
	보통명사	형태가 있거나 구분이 가능해서 셀 수 있는 것 예 car, dog, pen 등
불가산명사 (셀 수 없는 명사) ① 복수형 불가능 ② little/much로 수식	**고유명사**	사람 이름, 나라 이름 등 예 Korea, Picasso, Seoul
	물질명사	일정한 모양이나 한계가 없는 것 예 bread, coffee, water 등
	추상명사	성질, 상태, 개념 등 형태가 없는 것 예 knowledge, love, peace 등

[시험문법 1]

영만사 암기법

명사의 종류 정리

집·보·고·물·추

집합명사, **보**통명사, **고**유명사, **물**질명사, **추**상명사
(앞의 2개는 셀 수 있는 명사, 뒤의 3개는 셀 수 없는 명사)

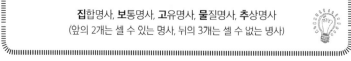

[시험문법 2]

명사의 복수형 만드는 규칙

일반적으로는 s를 붙이나 아래와 같은 예외가 있음

1. **자와**: '자음 + y'로 끝나면, y를 i로 바꾸고 es

   예 story - stories

2. **자오**: '자음 + o'로 끝나면, es

   예 hero - heroes

   (예외) pianos, photos 등

3. **스, 즈, 쉬, 취, 쥐**: 발음이 이것으로 끝나면 es

   예 dish - dishes

4. **f/fe**: f나 fe로 끝나면, f/fe를 v로 고치고 es

   예 leaf - leaves, life - lives

영만사 암기법

명사의 복수형 만드는 규칙

1. 자와
2. 자오
3. 스즈쉬취쥐
4. f/fe

명사 + ly

'명사 + ly' = 형용사

<참고사항>

'명사 + ly' = 형용사의 예	
costly	비용이 많이 드는, 비싼
cowardly	겁많은
daily	매일의
deadly	치명적인
elderly	나이 든
friendly	친절한
likely	일어날 것 같은
lively	활기 있는
lovely	사랑스러운
timely	시기적절한

명사구

주어와 동사가 없는 2개 이상의 단어가 명사 역할(주어, 목적어, 보어 등)을 하는 것

명사절

1. **정의**

   절이 명사(주어/목적어/보어/전치사 뒤) 역할을 하는 것

2. **기본형**

   that / whether / if

3. 용법

  1) that

      ⑴ 주어절로 쓰일 경우, 주로 가주어/진주어 형태로 씀

      ⑵ 목적절을 이끄는 경우, that을 생략할 수 있음

  2) whether

      ⑴ 해석: ~인지 아닌지

      ⑵ 기본적으로는 if와 바꿔 쓸 수 있으나, 몇 가지 예외가 있음 (아래 if 참조)

  3) if

      ⑴해석: ~인지 아닌지

      ⑵ if가 있는 절에서 **현재시제로 미래시제를 대신하지 않음**

          예문 I do not know if he **will** join us tomorrow. (if절에 **will** 안 쓰면 틀림)

      ⑶ 명사절은 이끄는 whether와 다른 점

        ① **주어절/보어절**로 쓸 수 없음

        ② 바로 앞에 **전치사**를 쓸 수 없음

        ③ 바로 뒤에 **to부정사**를 쓸 수 없음

        ④ 바로 뒤에 '**or not**'을 쓸 수 없음

[시험문법]

명사절을 이끄는 if / whether 용법 정리

1. if가 있는 절에서 **현재시제로 미래시제를 대신하지 않음**

    예문 I do not know if he **will** join us tomorrow. (if절에 **will** 안 쓰면 틀림)

2. 명사절은 이끄는 if가 **whether와 다른 점**

  ① **주어절/보어절**로 쓸 수 없음

  ② 바로 앞에 **전치사**를 쓸 수 없음

  ③ 바로 뒤에 **to부정사**를 쓸 수 없음

  ④ 바로 뒤에 '**or not**'을 쓸 수 없음

목관

'목적격관계대명사'의 약어 표기

목적격

문장 안에서 서술어의 목적어임을 표시하는 격으로, '~을/를'로 해석됨

예 me, you, him, her, it, them 등

목적격보어

목적어를 보충 설명하는 것

목적어

문장에서 동작의 대상이 되는 말

목접

'목적절을 이끄는 접속사'의 약어 표기

문법

같은 언어를 사용하는 사람들끼리 언어를 사용하는 데 필요한 모든 규칙과 정보를 모
아 놓은 것

문장의 형식

문장의 형식(문형)

1형식: 주어 + 완전자동사 (S + V)

2형식: 주어 + 불완전자동사 + 보어 (S + V + C)

3형식: 주어 + 타동사 + 목적어 (S + V + O)

4형식: 주어 + 동사 + 간접목적어 + 직접목적어 (S + V + IO + DO)

5형식: 주어 + 불완전타동사 + 목적어 + 목적격보어 (S + V + O + OC)

<참고사항>

문장의 형식 용어 정리		
약어	영어	한국어
S	Subject	주어
V	Verb	동사
C	Complement	보어
O	Object	목적어
IO	Indirect Object	간접목적어
DO	Direct Object	직접목적어

[시험문법]

'주어 + 동사 + 목적어 + to부정사' 형태를 이루는 5형식 동사

　예 ask, allow, cause, compel, enable, encourage, force, persuade 등

　예문 I **allowed** him **to** sing a song.

물질명사

1. 정의

　일정한 모양이나 한계가 없는 것

　예 bread, coffee, water 등

2. 용법

1) 불가산명사이므로, 부정관사 a/an을 쓰지 않고 복수형이 없음

2) 수식어로 **수식될 경우**, 정관사 **the**를 씀

> **예문** This is the wine which was made in France.   이것이 프랑에서 만들어진 와인이다.

3) 수량 표시

⑴ a little, little, much, some 등의 **한정사**를 사용

> **예문** There is much water.   물이 많이 있다.

⑵ 담기는 **용기**를 사용

> **예문** I want a cup of coffee.   나는 커피 한잔을 원한다.

⑶ **모양**을 사용

> **예문** There is a slice of cheese.   치즈 한 조각이 있다.

⑷ **단위**를 사용

> **예문** I bought a pound of pork.   나는 돼지고기 1파운드를 샀다.

3. 주의사항

1) a/an을 써서 **단수**로, s를 붙여 **복수**로 쓰는 경우: **구체적인 제품, 종류**

> **예문** I bought a good water.   나는 좋은 물(제품)을 샀다.
>
> Pine is a widespread wood in Korea.   소나무는 한국에 널리 퍼져있는 종류의 나무다.

미래시제

미래의 일을 말할 때 쓰는 시제로, 'will'과 'be going to'를 활용해 표현함

[주의사항]

'will' / 'be going to' 없는 미래표현 정리	
'왕래발착동사'의 현재형	go, come, leave, arrive 등의 동사는 현재가 미래를 대신할 수 있음
'시간절/조건절'의 현재형	when, if 등의 '시간절/조건절'에서는 현재가 미래를 대신함
현재진행형	정해진 가까운 미래의 경우 현재진행형이 미래를 대신할 수 있음

미래완료

1. **정의**: 어느 한 시점에서 시작해 **미래의 한 시점**까지 이어질 동작/상태를 나타내는 것으로, **시간의 덩어리**

2. **기본형**: will + have + p.p

3. **미래완료와 현재완료 비교**

비교항목	미래완료와 현재완료 비교	
	미래완료	현재완료
기본형	will + have + p.p	have + p.p
시점	**어느 시점**에서 **미래의 한 시점**까지의 시간의 덩어리	**과거**에서 **현재**까지의 **시간의 덩어리**
용법	현재완료와 같음	'현재완료' 참조

미래완료진행형

1. **진행형**: 어느 한 순간에 진행되고 있는 **동작**에 **초점**을 둔 표현

2. **시제에 따른 진행형**

명칭	시제에 따른 진행형					
	과거완료 진행형	과거 진행형	현재완료 진행형	현재 진행형	미래완료 진행형	미래진행형
기본형	had been ~ing	be동사과거형 ~ing	have/has been ~ing	be동사현재형 ~ing	will have been ~ing	will be ~ing
해석	~해오고 있는 중이었다	~하고 있는 중이었다	~해오고 있는 중이다	~하고 있는 중이다	~해가고 있는 **중일 깃이디**	~하고 있는 중일 것이다

3. 동작이 아닌 **상태**를 나타내는 **동사**는 일반적으로 **진행형**을 만들지 않음

미래진행형

1. 진행형: 어느 한 순간에 진행되고 있는 **동작**에 **초점**을 둔 표현

2. **시제에 따른 진행형**

시제에 따른 진행형					
명칭	과거완료 진행형	과거 진행형	현재완료 진행형	현재 진행형	미래완료 진행형	미래진행형
기본형	had been ~ing	be동사과거형 ~ing	have/has been ~ing	be동사현재형 ~ing	will have been ~ing	will be ~ing
해석	~해오고 있는 중이었다	~하고 있는 중이었다	~해오고 있는 중이다	~하고 있는 중이다	~해가고 있는 중일 것이다	~하고 있는 중일 것이다

3. 동작이 아닌 **상태**를 나타내는 **동사**는 일반적으로 **진행형**을 **만들지 않음**

발음기호

정확한 영어발음을 위해 국제음성학회(International Phonetic Association)가 만든 국제음성기호로 영어단어를 표시한 것

<영어발음 기호표>

발음기호	소리	기호	발음기호	소리	기호
[a]	아	ㅏ	[b]	브	ㅂ
[e]	에	ㅔ	[d]	드	ㄷ
[i]	이	ㅣ	[j]	이	ㅣ
[o]	오	ㅗ	[l]	러	ㄹ
[u]	우	ㅜ	[m]	므	ㅁ
[w]	우	ㅜ	[n]	느	ㄴ
[ʌ]	어	ㅓ	[r]	르	ㄹ
[ɔ]	오	ㅗ	[v]	브	ㅂ
[ɛ]	에	ㅔ	[z]	즈	ㅈ

발음기호	소리	기호	발음기호	소리	기호
[æ]	애	ㅐ	[ʒ]	쥐	ㅈ
[ɑː]	아-		[dʒ]	쥐	주
[əː]	어-		[dʒa]	주ㅏ	
[iː]	이-		[ʒ]	지	ㅈ
[uː]	우-		[tz]	쯔	ㅉ
[ɔː]	오-		[ð]	뜨	ㄸ
[ai]	아이		[h]	흐	ㅎ
[ei]	에이		[g]	그	ㄱ
[ɔi]	오이		[ŋ]	응	ㅇ
[au]	아우		[f]	프	ㅍ
[ou]	오우		[k]	크	ㅋ
[iə]	이어		[p]	퍼	ㅍ
[uə]	우어		[s]	스	ㅅ
[ɛə]	에어		[t]	트	ㅌ
[eə]	에어		[ʃ]	쉬	수
[wa]	와		[tʃ]	취	추
[wɔ]	워		[tʃa]	추ㅏ	
[ju]	유		[θ]	쓰	ㅆ

배수사

배수를 표현하는 것

> 예 quarter: 4분의 1
>
> half: 반
>
> twice: 2배
>
> 기수 + times: ~배

병렬구조

1. **정의**: 두 개 이상의 문법적 요소(단어, 구, 절)를 나열할 때, 그 요소들은 같은 형태가 되어야 함

2. **기본형**: '시제 일치', '수 일치', '문법사항(to부정사/동명사 등) 일치'

보어

주어나 목적어를 보충 설명하는 것(명사, 형용사, 전치사구)

보접

'보어절을 이끄는 접속사'의 약어 표기

보통명사

1. **정의**

   형태가 있거나 구분이 가능해서 셀 수 있는 것

   예 car, dog, pen 등

2. **용법**

   단수일 경우는 **반드시 한정사**(관사, 지시사, 양화사, 소유격)를 사용

3. **주의사항**

   1) **같은 부류 전체를 나타내는 표현**: 'a + 보통명사', 'the + 보통명사', 보통명사(복수형)

      예문 개라는 동물은 똑똑하다.

      A dog is smart.　　**The dog** is smart.　　**Dogs** are smart.

   2) 'the + 단수보통명사'가 문맥에 따라 **추상명사**로 쓰이는 경우가 있음

      예문 **The pen** is mightier than **the sword**.

      문(文)은 **무**(武)보다 강하다.

3) 'A + of + a/an + B'에서 of를 동격의 of로 보고, 'A 같은 B'로 해석하는 경우가 있음

예 an angel of a girlfriend   천사 같은 여자친구

복관대

'복합관계대명사'의 약어 표기

복관부

'복합관계부사'의 약어 표기

복문

종속절을 가진 문장

복수

어떤 것의 개수가 '두 개 이상'이라는 뜻

[주의사항]

복수형이면서 단수취급하는 단어 정리	
종류	단어
게임이름	billiards(당구), cards(카드게임), darts(다트게임), marbles(구슬치기) 등
국기이름	the United States 등
질병이름	diabetes(당뇨병), measles(홍역), mumps(볼거리), rickets(구루병) 등
학문이름	economics(경제학), mathematics(수학), physics(물리학), politics(정치학) 등
기타	customs(세관), news(뉴스), the tropics(열대지방) 등

[시험문법 1]

'수량 표현 + of + 명사'의 단수취급/복수취급 정리			
수량 표현	+	명사 종류	수 취급
a lot of	+	단수명사	단수취급
all (of)			
half of			
lots of			
most (of)		복수명사	복수취급
some of			
the majority of			
the rest of			
기수/서수/분수			

[시험문법 2]

명사의 복수형 만드는 규칙

일반적으로는 s를 붙이나 아래와 같은 예외가 있음

1. **자와**: '자음 + y'로 끝나면, y를 i로 바꾸고 es

   예 story - stories

2. **자오**: '자음 + o'로 끝나면, es

   예 hero - heroes

   (예외) pianos, photos 등

3. **스, 즈, 쉬, 취, 쥐**: 발음이 이것으로 끝나면 es

   예 dish - dishes

4. **f/fe**: f나 fe로 끝나면, f/fe를 v로 고치고 es

   예 leaf - leaves, life - lives

영만사 암기법

명사의 복수형 만드는 규칙

1. 자와
2. 자오
3. 스즈쉬취쥐
4. f/fe

복합관계대명사

1. 정의

관계대명사 뒤에 'ever'를 붙여 명사절/부사절을 이끌게 한 것으로, 선행사를 포함

2. 기본형

'관계대명사' + 'ever'

whoever, whomever, whichever, whatever

3. 용법

1) 종속용법

(1) 정의

복합관계대명사가 이끄는 절이 어떤 절 안에서 명사절(주어절/목적어절/보어절)이 되는 것으로, 해석은 '~든지'

 예문

복합관계대명사 종속용법 예문	
주어절	**Whoever** visits the shop first can get a free ticket.
목적어절	You can buy **whatever** you like.
보어절	You can be **whatever** you want to be.

(2) '종속 용법 복합관계대명사' → '관계대명사' 문장 전환법

'종속 용법 복합관계대명사' → '관계대명사' 문장 전환법	
whoever	anyone who
whichever	anything that
whatever	anything that

예문

주어절: **Whoever** visits the shop first can get a free ticket.

→ **Anyone who** visits the shop first can get a free ticket.

목적어절: You can buy **whatever** you like.

→ You can buy **anything that** you like.

보어절: You can be **whatever** you want to be.

→ You can be **anyone who** you want to be.

2) **독립용법**

(1) 정의

복합관계대명사가 이끄는 절이 어떤 절 안에 속하지 않고 독립된 부사절을 이끄는 것으로, 해석은 '~일지라도'

예문 **Whoever** says so, I will follow it.

(2) '독립용법 복합관계대명사' → '관계대명사' 문장 전환법

'독립용법 복합관계대명사' → '관계대명사' 문장 전환법	
whoever	no matter who
whomever	no matter who(m)
whichever	no matter which
whatever	no matter what

예문

Whoever says so, I will follow it.

→ **No matter who** says so, I will follow it.

[시험문법]

복합관계대명사 용법 정리

1. 복합관계대명사에는 선행사가 포함되어 있어, 앞에 선행사가 오면 틀린 문장
2. 복합관계대명사 다음에는 주어가 없거나 목적어가 없는 불완전한 문장이 와야 하고, 복합
   관계부사 다음에는 완전한 문장이 와야 함

복합관계부사

관계부사 뒤에 'ever' 붙은 것 (복합관계사 참조)

예 wherever, whenever, however 등

복합관계사

1. 정의

관계사 뒤에 'ever'를 붙여 명사절/부사절을 이끌게 한 것으로, 선행사를 포함하며
'복합관계대명사'/'복합관계형용사'/'복합관계부사'가 있음

2. 기본형

'관계사' + 'ever'

복합관계사 기본형	
복합관계대명사	whoever, whomever, whichever, whatever
복합관계형용사	whatever, whichever
복합관계부사	whenever, wherever, however

3. 용법

1) 종속용법

(1) 정의

복합관계대명사가 이끄는 절이 어떤 절 안에서 명사절(주어절/목적어절/보어절)이
되는 것으로, 해석은 '~든지'

예문

복합관계사 종속용법 예문	
주어절	**Whoever** visits the shop first can get a free ticket.
목적어절	You can buy **whatever** you like.
보어절	You can be **whatever** you want to be.
부사절	You can get off **wherever** you want.

(2) '종속 용법 복합관계사' → '관계사' 문장 전환법

'종속 용법 복합관계사' → '관계사' 문장 전환법	
whoever	**anyone who**
whichever	**anything that**
whatever	**anything that**
wherever	**to**(at) **any place where**(that)
whenever	**at any time when**(that)

예문

주어절: **Whoever** visits the shop first can get a free ticket.

　　　　→ **Anyone who** visits the shop first can get a free ticket.

목적어절: You can buy **whatever** you like.

　　　　→ You can buy **anything that** you like.

보어절: You can be **whatever** you want to be.

　　　　→ You can be **anyone who** you want to be.

부사절: You can get off **wherever** you want.

　　　　→ You can get off at **any** place want.

2) 독립용법

　(1) 정의

　　복합관계사가 이끄는 절이 어떤 절 안에 속하지 않고 독립된 부사절을 이끄는

　　것으로, 해석은 '~일지라도'

복합관계사 독립용법 예문	
종류	예문
복합관계대명사	**Whoever** says so, I will follow it.
복합관계형용사	**Whichever** side wins the game, I don't care.
복합관계부사	**Whenever** you come, you will be welcome.

(2) '독립용법 복합관계사' → '관계사' 문장 전환법

'독립용법 복합관계사' → '관계사' 문장 전환법	
whoever	no matter who
whomever	no matter who(m)
whichever	no matter which
whatever	no matter what
wherever	no matter where
whenever	no matter when
however	no matter how

예문

'독립용법 복합관계사' '관계사' 문장 전환 예문	
복합관계대명사	**Whoever** says so, I will follow it. → **No matter who** says so, I will follow it.
복합관계형용사	**Whichever** side wins the game, I don't care. → **No matter which** side wins the game, I don't care.
복합관계부사	**Whenever** you come, you will be welcome. → **No matter when** you come, you will be welcome.

[시험문법]

복합관계사 용법 정리

1. 복합관계사에는 선행사가 포함되어 있어, 앞에 선행사가 오면 틀린 문장
2. 복합 관계대명사 다음에는 주어가 없거나 목적어가 없는 불완전한 문장이 와야 하고, 복합 관계부사 다음에는 완전한 문장이 와야 함

3. 관계부사 however는 '정도용법'(however + 형용사/부사 + 주어 + 동사: 아무리 ~하더라도)과 '방법용법'(however + 주어 + 동사: 어떻게 ~하더라도)이 있음

복합관계형용사

1. 정의

whichever, whatever가 형용사 역할을 하면서 명사절/부사절을 이끌게 한 것으로, 선행사를 포함

2. 기본형

whichever, whatever

3. 용법

1) 종속용법

(1) 정의

복합관계형용사가 이끄는 절이 어떤 절 안에서 명사절(주어절/목적어절/보어절)이 되는 것으로, 해석은 '~든지'

예문 **Whatever** job it is will be ok.

(2) '종속용법 복합관계형용사' → '관계형용사' 문장 전환법

'종속용법 복합관계형용사' → '관계형용사' 문장 전환	
whichever	any + 명사 + that
whatever	any + 명사 + that

예문

Whatever job it is will be ok.

→ **Any job that** it is will be ok.

2) 독립용법

(1) 정의

복합관계형용사가 이끄는 절이 어떤 절 안에 속하지 않고 독립된 부사절을 이끄는 것으로, 해석은 '~일지라도'

복합관계사 독립용법 예문	
종류	예문
복합관계대명사	**Whoever** says so, I will follow it.
복합관계형용사	**Whichever** side wins the game, I don't care.
복합관계부사	**Whenever** you come, you will be welcome.

 Whichever side wins the game, I don't care.

(2) '독립용법 복합관계형용사' → '관계형용사' 문장 전환법

'독립용법 복합관계형용사' → '관계형용사' 문장 전환	
whichever	no matter which
whatever	no matter what

예문

Whichever side wins the game, I don't care.

　　　→ **No matter which** side wins the game, I don't care.

[시험문법]

복합관계형용사 용법 정리

1. 복합관계사에는 선행사가 포함되어 있어, 앞에 선행사가 오면 틀린 문장
2. 복합 관계대명사 다음에는 주어가 없거나 목적어가 없는 불완전한 문장이 와야 하고, 복합 관계부사 다음에는 완전한 문장이 와야 함

부가의문문

1. **정의**

   확인이나 동의를 얻기 위해 문장 뒤에 부가적으로 질문하는 것

2. **기본형**

   주절 긍정문 → 부정 부가의문문

   주절 부정문 → 긍정 부가의문문

3. 용법

문장종류	동사종류		용법
	일반동사		do/does/did를 활용
	be동사		am/are/was/were를 활용
평서문	조동사	일반	주절에 쓰인 조동사를 활용
		had better	hadn't
		have to	don't
		ought to	shouldn't
		used to	didn't
명령문	Let's 없는		will을 활용
	Let's 있는		shall we
기타	There 로 시작		there를 주어로 활용

부가의문문 용법 정리 (table title)

예문

부가의문문 용법 정리

문장 종류	동사 종류		용법
	일반동사		You knew it, **didn't you?**
	be동사		This car is very nice, **isn't it?**
평서문	조동사	일반	She can play the piano, **can't she?**
		had better	You had better do it, **hadn't you?**
		have to	You have to do it, **don't you?**
		ought to	You ought to do it, **shouldn't you?**
		used to	You used to do it, **didn't you?**
명령문	Let's 없는		Do your homework, **will you?**
	Let's 있는		Let's dance, **shall we?**
기타	There로 시작		There was a car, **wasn't there?**

부대상황

'분사구문'에 쓰이는 용어로, 두 가지 동작이 동시에 일어나고 있는 것을 말함 (동시동작'이라고도 함)

부분부정

1. 정의

'not'과 '모두/항상' 등을 뜻하는 단어가 만나, '모두가 ~한 것은 아니다'/'항상 ~한 것은 아니다'와 같이 해석 되는 것(전체부정' 참조)

2. '모두/항상' 등을 나타내는 단어

all, always, both, every, exactly, extremely, necessarily 등

부사

문장의 형용사나 동사, 부사를 더 자세하게 설명해 주고 꾸며 주는 역할을 하는 말

[시험문법]

형용사와 부사 형태가 같은 단어 정리			
단어	형용사 뜻	부사 뜻	'ly'가 붙어 전혀 다른 뜻이 되는 경우
close	가까운	가까이에	closely: 면밀히
early	이른	일찍	
enough	충분한	충분히	
far	먼	멀리	
fast	빠른	빠르게	
hard	어려운, 단단한	열심히	hardly: 거의 ~ 않다 (준부정어)
high	높은	높게	highly: 매우
just	올바른	방금	justly: 공정하게

late	늦은	늦게	lately: 최근에
long	긴	오래	
low	낮은	낮게	
much	많은	많이	
near	가까운	가까이에	nearly: 거의

ㅂ

부사구

주어와 동사가 없는 2개 이상의 단어가 부사 역할을 하는 것

부정관사 a/an

1. 부정관사: 명사 앞에 놓여서 가벼운 제한을 가하는 말

2. 셀 수 있는 명사(가산명사) 앞에 사용 가능

3. 모음 앞에는 'an'을 씀

<참고사항>

가산명사(셀 수 있는 명사): 집합명사, 보통명사

불가산명사(셀 수 없는 명사): 고유명사, 물질명사, 추상명사

[시험문법 1]

a/an 의 사용은 알파벳이 아닌, 발음으로 결정

> 예 an honest boy, a European

[시험문법 2]

부정관사 'a/an'을 붙이는 경우

1. **막**연한 하나

> 예문 There is **a** pen on the desk.
>
> 책상 위에 펜이(막연한 하나) 있다.

2. 분명한 하나

> 예문 Finish this job within **a** day.
>
> 이 일을 하루(분명한 하나) 안에 끝내라.

3. 같은

> 예문 We are of **an** age.
>
> 우리는 같은 나이다.

4. 마다

> 예문 I go there once **a** week.
>
> 나는 거기에 일주일마다 간다.

5. 어떤

> 예문 I met **a** Mr. Kim.
>
> 김씨 성을 가진 어떤 사람을 만났어.

6. 대표단수

> 예문 **A** dog is smart.
>
> 개라는 동물은 똑똑하다.

영만사 암기법

부정관사 a/an을 붙이는 경우

막·분·같·마·어·대

막연한 하나, **분**명한 하나, **같**은, **마**다, **어**떤, **대**표단수

부정대명사

'정해지지 않은' 것을 나타내는 대명사

> 예 one, another, other, some, any, none 등

부정대명사 one

같은 종류의 다른 것(복수형: ones)

부정사

1. 뜻: 품사가 정해지지 않았다는 의미, 또는 시제를 정할 수 없다는 의미

2. 종류: to부정사, 원형부정사

분사

동사에 'ing'(현재분사) 나 'ed'(과거분사)를 붙여 **동사적, 부사적, 형용사적 기능**을 하는 것

1. **현재분사**

   1) **동사적 기능**

      현재진행형(be + ~ing)에 활용되는 경우

   2) **부사적 기능**

      분사구문에 활용되는 경우

   3) **형용사적 기능**

      한정용법, 서술용법으로 활용되는 경우

분사의 형용사적 용법 비교		
	한정용법	서술용법
정의	명사 앞·뒤에서 명사를 수식	보어로 쓰임
해석(능동의 의미)	~한	~한 상태로
예문	The **sleeping** baby is cute.	The baby sat **sleeping**.

   ※ **현재분사와 동명사 구별하는 법**: '**~하기 위한**'이라는 **용도**의 의미로 해석되면 **동명사**, 아니면 현재분사

   예 a **sleeping** baby 잠자는 아기 (현재분사)

   a **sleeping** bag 침낭(잠자기 위한 가방) (동명사)

4) **명사**를 **후치수식**(뒤에서 꾸며주는)하는 경우

앞의 명사와 현재분사 사이에 '**주격관계대명사 + be동사**'가 **생략**된 것으로 봄

예문 There is a boy walking with his dog.

There is a boy (**who is**) walking with his dog.

2. 과거분사

1) 동사적 기능

수동태(be + p.p), 현재완료(have + p.p)에 활용되는 경우

2) 부사적 기능

분사구문에 활용되는 경우

3) 형용사적 기능

한정용법, 서술용법으로 활용되는 경우

분사의 형용사적 용법 비교		
	한정용법	서술용법
정의	명사 앞·뒤에서 명사를 수식	보어로 쓰임
해석(수동의 의미)	~된	~된 상태로
예문	There is a **broken** bottle.	I was **bored** during the trip.

4) **명사**를 **후치수식**(뒤에서 꾸며주는)하는 경우

앞의 명사와 과거분사 사이에 '**주격관계대명사 + be동사**'가 **생략**된 것으로 봄

예문 I found a letter written in English.

I found a letter (**which was**) written in English.

3. 전치사처럼 활용되는 분사

분사이지만, **뒤**에 **명사**가 오는 **전치사처럼 활용**됨

전치사처럼 활용되는 분사 정리	
based on	~에 근거하면
concerning	~에 관해서
considering	~을 고려할 때
depending on	~에 따라

given	~을 고려할 때
including	~을 포함하여
regarding	~에 관해서

분사구문

1. 정의

'접속사 + 주어 + 동사' 형태의 종속절을 분사를 사용하여 부사구로 표현한 것

2. 기본형

능동형 분사구문	현재분사(~ing)로 시작
수동형 분사구문	과거분사(~ed)로 시작 (앞에 'being'이 생략된 형태)

3. 용법

1) 해석

(1) 기본해석: 그리고, 그래서

(2) 문맥해석: 때, 원인, 조건, 양보, 부대상황(동시동작)

2) 분사구문 만들기 3단계 (접주동)

	기본사항	주의사항 (필수암기예문 참조)
1단계	종속절의 **접속사 생략**	또는 **남김**
2단계	종속절의 주어가 주절의 주어와 같은 경우는 **주어 생략**	다른 경우는 주어 **남김** (독립분사구문)
3단계	종속절과 주절 시제가 같은 경우는 **동사원형**에 'ing'	주절보다 **앞선 경우** **having + 과거분사**

분사구문 만들기 3단계 '접주동' 예시		
	원래 문장	As I listen to music, I study.
1단계	종속절의 **접속사 'As' 생략**	I listen to music, I study.
2단계	종속절의 **주어 'I' 생략**	Listen to music, I study.
3단계	동사원형 'listen'에 'ing'	**Listening** to music, I study.

3) with 분사구문

기본형: with + 명사 + 분사		
	with + 명사 + **현재분사**	with + 명사 + **과거분사**
해석	'명사'가 **~한 채로** (능동의 의미)	'명사'가 **~된 채로** (수동의 의미)
예문	He went out with his dog **following** him. 그는 그의 개가 그를 따라간 채로 나갔다.	He listens to music with his eyes **closed**. 그는 눈이 감겨진 채로 음악을 듣는다

4) **독립분사구문**: 종속절의 주어와 주절의 주어가 달라, 분사구문 만들 때 주어를 남긴 경우

4. **주의사항**

1) **수동형 분사구문**: 보통 맨 앞의 being이나 having been이 **생략됨**

2) **부정**: 분사 바로 앞에 not, never 등의 부정어를 씀

3) it이 비인칭 주어이면서 'it + be동사' 형태로 사용될 때의 분사구문은 'it being~' 형태

4) 'there + be동사'(~이 있다) 의 분사구문은 'there being~' 형태

5. **필수암기예문**

1) **때**: ~할 때

When you saw him, **he** ran away.

→ **You seeing** him, he ran away.　　　　(종속절의 주어와 주절의 '**주어가 다른 경우**')

네가 그를 보았을 때, 그는 도망갔다.

2) **원인**: ~때문에

As I **was tired**, I could not go out.

→ **(Being) tired**, I could not go out.　　　　(Being이 생략될 경우, '**수동형 분사구문**')

나는 피곤했기 때문에, 밖에 나갈 수 없었다.

3) **조건**: 만약 ~하면

If you turn right, you will find the shop.

→ **Turning** right, you will find the shop.

오른쪽으로 돌면, 그 가게를 찾을 수 있을 것이다.

4) 양보: 비록 ~일지라도

Though you were short, you are tall now.

→ **Having been** short, you are tall now.   (종속절의 시제가 '**주절의 시제보다 앞선 경우**')

비록 너는 작았지만, 지금은 키가 크다.

5) 부대상황(동시동작): ~하면서

As I listen to music, I study.

→ **Listening** to music, I study.

나는 음악을 들으면서 공부한다.

[시험문법 1]

영만사 암기법

분사구문 만들기 3단계

분·접·주·동

분사구문 만들기 3단계: **접**속사 생략, **주**어 생략, **동**사원형에 'ing'

[시험문법 2]

영만사 암기법

분사구문의 5가지 뜻

분·때·원·조·양·부

분사구문의 5가지 뜻: **때**, **원**인, **조**건, **양**보, **부**대상황

분수

분수 만드는 법

1. 분자를 기수형태로 읽음

2. 분모를 서수형태로 읽고, 이때 분자가 복수면 여기에 's'를 붙임

3. 대분수리면, 분자 앞에 기수형태로 쓰고 'and'를 씀

> 예 $3\frac{5}{6}$ = three **and** five sixth**s**

<참고사항>

분수관용표현: a half = $\frac{1}{2}$ / a quarter = $\frac{1}{4}$

[주의사항]

분수 만드는 3단계: 자기모서	
1단계	분자를 **기수** 형태로 읽음
2단계	분모를 **서수** 형태로 읽고, 이때 분자가 복수면 여기에 's'를 붙임
3단계	대분수라면, 분자 앞에 기수 형태로 쓰고 'and'를 씀

영만사 암기법

분수 만드는 법

자·기·모·서

먼저 분**자**를 **기**수로 쓰고, 그다음 분**모**를 **서**수로 씀

<영만사 숫자표> (위: 기수, 아래: 서수)

1 1st	one first	**11** 11th	eleven eleventh	**21** 21st	twenty one twenty first
2 2nd	two second	**12** 12th	twelve twelfth	**22** 22nd	twenty two twenty second
3 3rd	three third	**13** 13th	thirteen thirteenth	**23** 23rd	twenty three twenty third
4 4th	four fourth	**14** 14th	fourteen fourteenth	**24** 24th	twenty four twenty fourth
5 5th	five fifth	**15** 15th	fifteen fifteenth	**25** 25th	twenty five twenty fifth
6 6th	six sixth	**16** 16th	sixteen sixteenth	**26** 26th	twenty six twenty sixth
7 7th	seven seventh	**17** 17th	seventeen seventeenth	**27** 27th	twenty seven twenty seventh
8 8th	eight eighth	**18** 18th	eighteen eighteenth	**28** 28th	twenty eight twenty eighth
9 9th	nine ninth	**19** 19th	nineteen nineteenth	**29** 29th	twenty nine twenty ninth
10 10th	ten tenth	**20** 20th	twenty twentieth	**30** 30th	thirty thirtieth

40 40th	forty fortieth	
50 50th	fifty fiftieth	**777** seven hundred (and) seventy seven
60 60th	sixty sixtieth	**7,777** seven thousand seven hundred (and) seventy seven
70 70th	seventy seventieth	**777,777** seven hundred (and) seventy seven thousand seven hundred (and) seventy seven
80 80th	eighty eightieth	
90 90th	ninety ninetieth	
100 100th	one hundred one hundredth	**hundred** 백
1,000 1,000th	one thousand one thousandth	**thousand** 10^3 천 **million** 10^6 백만
1,000,000 1,000,000th	one million one millionth	**billion** 10^9 십억 **trillion** 10^{12} 일조 **quadrillion** 10^{15} 천조
1,000,000,000 1,000,000,000th	one billion one billionth	**quintillion** 10^{18} 백경 **sextillion** 10^{21} 십해 **septillion** 20^{24} 일자

불가산명사

1. 뜻: 셀 수 없는 명사

2. 종류: 고유명사, 물질명사, 추상명사

<참고사항>

가산명사

1. 뜻: 셀 수 있는 명사

2. 종류: 집합명사, 보통명사

불규칙변화

동사의 과거형/과거분사형 또는 형용사의 비교급/최상급 등에 일정한 규칙이 없는 것

불완전자동사

보어가 있어야 뜻이 완전한 자동사

불완전타동사

보어가 있어야 뜻이 완전한 타동사

비교급

1. 정의

    '~보다 더'라는 의미를 가진 표현

2. 기본형

비교급 기본형				
A B than C: A가 C보다 더 B하다				
	A의 유형		C의 유형	참고사항
be동사	주어 + be동사	than	주어 + be동사 또는 **목적격**	구어체에서 주로 목적격
조동사	주어 + **조동사**	than	주어 + **조동사** 또는 **목적격**	구어체에서 주로 목적격
일반동사	주어 + **일반동사**	than	주어 + **대동사** 또는 **목적격**	'대동사' 참조

(예문)

동사 별 비교급 예문	
be동사	He **is** older than **I am**. / He **is** older than **me**.
조동사	She **can** run faster than **I can**. / She **can** run faster than **me**.
일반동사	She **runs** faster than **I do**. / She **runs** faster than **me**.

3. 용법

1) 'er' 붙이는 규칙

일반적으로는 er을 붙이나 아래와 같은 예외가 있음	
자와	(자음 + y)로 끝나면, y를 i로 고치고 er 예 easy - easier
단모단자	(단모음 + 단자음)으로 끝나면, 자음을 한번 더 쓰고 er 예 big - bigger

※ 단모음: 하나의 모음 양쪽에 자음이 오는 경우

　　단자음: 하나의 자음 양쪽에 모음이 오는 경우

2) 'er' 대신 more/less를 쓰는 경우

(1) 3음절 이상의 단어

(2) '-ive', '-ous', '-ful' 등으로 끝나는 단어

(3) 분사(현재분사, 과거분사)형 단어

(4) 'ly'로 끝나는 단어

(5) 한 개체(사람, 사물 등)의 두 가지 속성을 비교할 때

3) than 대신 to를 쓰는 경우

라틴어 계열 단어의 비교 표현에는 than 대신 to를 씀에 주의

라틴어 계열 단어의 비교 표현	
표현	뜻
inferior to	~보다 열등한
junior to	~보다 어린
major to	~보다 중요한
prior to	~보다 앞선
senior to	~보다 나이 든
superior to	~보다 뛰어난

4) 비교급 강조

비교급 앞에 a lot, still, much, far, even을 씀

예 This book is **much** thick**er** than that book.

5) 관용 표현

비교급 관용 표현	
표현	뜻
비교급 and 비교급 (비앤비)	점점 더 ~한
the + 비교급, the + 비교급 (더비더비)	~할수록 더 ~하다
no longer (not any longer)	더 이상 ~이 아니다 (시간적으로)
no more (not any more)	더 이상 ~이 아니다 (양적으로)
more or less	다소

[시험문법 1]

영만사 암기법

비교급 강조에 쓰이는 표현 정리

어·스·머·파·이

a lot, still, much, far, even

[시험문법 2]

비교급/원급을 이용한 최상급 표현 정리
비교급 + than + **any** other + **단수**명사
비교급 + than + **all** the (other) + **복수**명사
no + 비교급 + than + A
no + 비교급 + **so** + 원급 + as + A

비교급강조

1. 비교급을 강조하기 위해 비교급 앞에 **a lot, still, much, far, even**을 씀

   예 This book is **much** thick**er** than that book.

2. '**훨씬**'으로 해석

[시험문법]

영만사 암기법

비교급 강조에 쓰이는 표현 정리

어·스·머·파·이

a lot, still, much, far, even

비인칭주어 it

주어로 사용되나, 해석을 하지 않는 몇 가지 경우

> 예 **명암**, **날씨**, **거리**, **요일**, **날짜**, **시간**, **계절**

[시험문법]

영만사 암기법

비인칭주어 it 용법 정리

비·명·날·거·요·날·시·계

비인칭주어 it: **명**암, **날**씨, **거**리, **요**일, **날**짜, **시**간, **계**절

빈도부사

1. '얼마나 자주'를 뜻하는 부사
2. 위치: 일반동사 앞, 조동사/be동사 뒤
3. 종류: '100%에서 0% 순'으로 always, usually, often, sometimes, rarely, never

[시험영어]

빈도부사 용법 정리

1. 위치

영만사 암기법

빈도부사 위치

일·앞·조·비·뒤

일반동사 **앞**, **조**동사/be동사 **뒤**

2. 종류

사역동사

1. '~하게 하다'라는 의미를 가진 동사

2. 종류

    1) 사역동사: have, let, make

    2) 준사역동사: help, get

[시험문법]

사역동사/준사역동사 용법 정리		
종류	동사	용법
사역동사	have	1. '동사 + 목적어 + 목적격보어' 형태로 쓰일 때 사역동사라고 함
	let	2. 목적격보어: 동사원형, 형용사, 현재분사, 과거분사
	make	3. 목적격보어로 to부정사는 올 수 없음에 주의
준사역동사	get	목적격보어로 to부정사, 형용사, 현재분사, 과거분사가 와야 함
	help	목적격보어로 동사원형 또는 to부정사가 와야 함

삽입절

1. 정의

    추가적으로 언급하기 위해 쓰인 절로, '문장의 맨 앞'/'문장의 맨 뒤'/'문장의 중앙'
    어느 곳에나 올 수 있음

2. 기본형

삽입절 기본형	
	예문
문장의 맨 앞	**As you know**, she is a good person.
문장의 중앙	She is, **as you know**, a good person.
문장의 맨 뒤	She is a good person, **as you know**.
관계대명사 바로 뒤	The car which **I think** is beautiful is my car.

[주의사항]

관계대명사 바로 뒤에 'believe, claim, think' 등의 동사로 만들어진 삽입절과 그 용법 정리

예문 The car which **I think** is beautiful is my car.

내가 생각하기에 아름다운 그 차는 내 차이다

'여기서 '**which**'는 think의 목적어로 쓰인 목적격관계대명사가 아니라, is의 주어로 쓰인 **주격관계대명사**임에 주의

상관접속사

2개 이상의 단어가 조합된 형태의 접속사로, 연결되는 단어나 구 등이 동일한 문법적 성격을 가져야 함

예 both A and B, not only A but also B, either A or B, neither A nor B 등

생략 가능

영문법에서 어떤 요소를 생략 가능한 경우 정리	
생략 가능 조건	상세설명
주관 + be동사	주격관계대명사 + be동사
목관	목적격관계대명사
목접 that	목적절을 이끄는 접속사 that
시간, 조건, 양보부사절에서	시간(when, while), 조건(if, unless), 양보(though) 부사절에서 주어가 주절의 주어와 같고 동사가 be동사일 경우, '주어 + be동사' 생략 가능

262

서수

순서 세는 것: 첫 번째, 두 번째…

1. **기수 읽는 법** (개수 세는 것: 하나, 둘…)

   1) 1부터 20까지는 불규칙 (암기해야 함)

   2) 21부터는 '영만사 숫자 규칙'을 따름

<영만사 숫자 규칙>

   ⑴ 뒤에서부터 숫자 3개마다 앞에 콤마를 쓰고, 이를 기준으로 읽는 단위가 바뀜

   > **예** 1,000: one thousand / 1,000,000: one million

   ⑵ 단수형을 사용함, 즉 s를 붙이지 않음

   > **예** 777: seven hundred seventy seven (hundred**s** of people: 수백 명의 사람들)

   [주의사항]

   '막연한 수'표현에는 s를 붙임

   > **예** hundred**s** of 수백의

2. **서수 읽는 법** (순서 세는 것: 첫 번째, 두 번째…)

   1) 기본적으로는 '영만사 숫자 규칙'을 따름

   2) 1부터 3까지는 불규칙 (암기해야 함)

   3) 4부터는 '영만사 서수 규칙'을 따름

<영만사 서수 규칙>

   ⑴ 기본적으로는 기수에 th를 붙이고, 아래와 같은 예외가 있음

   ① e로 끝나면 e빼고 th

   > **예** nine → ninth

   ② t로 끝나면 h만 붙임

   > **예** eight → eighth

   ③ ve로 끝나면 ve를 f로 바꾸고 th

   > **예** five → fifth

④ y로 끝나면 y를 ie로 바꾸고 th

예 twenty → twentieth

(2) 21 이상의 수에서는, 기수로 읽다 마지막 1의 자리만 서수로 읽음

예 777번째: seven hundred (and) seventy seventh

<영만사 숫자표> (위: 기수, 아래: 서수)							
1 1st	one first	**11** 11th	eleven eleventh	**21** 21st	twenty one twenty first		
2 2nd	two second	**12** 12th	twelve twelfth	**22** 22nd	twenty two twenty second		
3 3rd	three third	**13** 13th	thirteen thirteenth	**23** 23rd	twenty three twenty third		
4 4th	four fourth	**14** 14th	fourteen fourteenth	**24** 24th	twenty four twenty fourth		
5 5th	five fifth	**15** 15th	fifteen fifteenth	**25** 25th	twenty five twenty fifth		
6 6th	six sixth	**16** 16th	sixteen sixteenth	**26** 26th	twenty six twenty sixth		
7 7th	seven seventh	**17** 17th	seventeen seventeenth	**27** 27th	twenty seven twenty seventh		
8 8th	eight eighth	**18** 18th	eighteen eighteenth	**28** 28th	twenty eight twenty eighth		
9 9th	nine ninth	**19** 19th	nineteen nineteenth	**29** 29th	twenty nine twenty ninth		
10 10th	ten tenth	**20** 20th	twenty twentieth	**30** 30th	thirty thirtieth		

40 40th	**forty** fortieth	
50 50th	**fifty** fiftieth	**777** **seven hundred (and) seventy seven**
60 60th	**sixty** sixtieth	**7,777** **seven thousand seven hundred (and) seventy seven**
70 70th	**seventy** seventieth	**777,777** **seven hundred (and) seventy seven thousand** **seven hundred (and) seventy seven**
80 80th	**eighty** eightieth	
90 90th	**ninety** ninetieth	

100 100th	**one hundred** one hundredth	**hundred** **thousand** 10^3	백 천
1,000 1,000th	**one thousand** one thousandth	**million** 10^6 **billion** 10^9	백만 십억
1,000,000 1,000,000th	**one million** one millionth	**trillion** 10^{12} **quadrillion** 10^{15}	일조 천조
1,000,000,000 1,000,000,000th	**one billion** one billionth	**quintillion** 10^{18} **sextillion** 10^{21} **septillion** 20^{24}	백경 십해 일자

선행사

관계사 앞에 오는 명사/대명사

소관

'소유격관계대명사'의 약어 표기

소유격

문장 안에서 소유를 표시하는 격으로, '~의'로 해석됨

예 my, your, his, her, their, car's, cars' 등

[주의사항]

단수명사와 s로 끝나지 않는 복수명사에는 's, s로 끝나는 복수명사에는 '

예 the boy's hand 그 소년의 손

the boys' hands 그 소년들의 손들

women's clothes 여성복

소유격관계대명사

관계대명사를 활용해, 소유를 표현한 것(관계대명사 참조)

수동태

1. 정의

   '주어가 ~에 의해 ~당하다'와 같이 주어가 동작을 당하는 형태

2. 기본형: be + p.p + by + 목적격

3. 용법

   1) 수동태 만들기 3단계 (목동주)

수동태 만들기 3단계 (목동주)		
	기본사항	주의사항
1단계	목적어를 맨 앞으로 이동	주격으로 바꿔야 함
2단계	동사를 'be+p.p' 형태로 바꿈	
3단계	주어 앞에 by를 붙여 맨 뒤로 이동	목적격으로 바꿔야 함

수동태 만들기 3단계 '목동주' 예시		
	원래 문장 →	I opened the door.
1단계	목적어 'the door'를 맨 앞으로 이동	The door I opened.
2단계	동사 'open'을 'was opened'로 바꿈	The door I was opened.
3단계	주어 'I' 앞에 by를 붙여 맨 뒤로 이동	The door was opened by me.

   2) 4형식 수동태의 특징

   ⑴ 간접목적어 또는 직접목적어를 주어로 하는 2가지 형태의 수동태가 가능하고,
   직접목적어를 주어로 하는 경우는 간접목적어 앞에 to를 쓰고 이 to는 생략
   가능

능동태 원래 문장: I gave you the pen.	
간접목적어 'you'를 주어로 만든 수동태	**직접목적어 'the pen'을** 주어로 만든 수동태
You were given the pen by me.	**The pen** was given (to) you by me.

(2) **직접목적어를** 주어로 수동태 만들 때, **간접목적어** 앞에 쓰이는 **전치사별 동사** 정리

직접목적어를 주어로 수동태 만들 때, 간접목적어 앞에 쓰이는 전치사별 동사 정리	
전치사	동사
to	아래 예외적 경우를 제외한 **대부분의 동사**
for	make, choose, buy, do, find, cook, build 등
of	inquire, ask, require, beg 등

(3) **직접목적어만** 주어로 수동태를 만들 수 있는 동사 (**간접목적어를 주어로 수동태 안됨**)

build, buy, choose, make, pass, read, sing, write, get, send, sell 등

3) **사역동사/지각동사 수동태의 특징**

(1) 목적격보어로 쓰인 **동사원형이 to부정사로 바뀜**

사역동사 / 지각동사 수동태		
태	사역동사	지각동사
능동태	I made him **smile**.	I saw him **enter** the house.
수동태	He was made **to smile** by me.	He was seen **to enter** the house by me.

(2) **사역동사**(have, make, let) **중 make만 수동태로 바꿀 수 있음**

4. **필수암기예문**

1) **3형식의 수동태**

I **opened** the door.　　　　　　　나는 그 문을 열었다.

→ The door **was opened** by me.　　그 문은 나에 의해 열려졌다.

2) **4형식의 수동태**

I **gave** you the pen.　　　　　　내가 너에게 그 펜을 주었다.

→ You **were given** the pen by me.　너는 나에 의해 그 펜이 주어졌다.

(간접목적어를 주어로 만든 수동태)

→ The pen **was given** (to) you by me. 그 펜은 나에 의해 너에게 주어졌다.

(직접목적어를 주어로 만든 수동태)

3) 5형식의 수동태

I **called** him spiderman. 나는 그를 스파이더맨이라고 불렀다.

→ He **was called** spiderman by me. 그는 나에 의해 스파이더맨이라고 불려졌다.

4) 지각동사/사역동사의 수동태

I saw him **enter** the house. 나는 그가 그 집으로 들어가는 것을 보았다.

→ He was seen **to enter** the house by me. 그가 그 집으로 들어가는 것이 나에 의해 보여졌다.

I made him **smile**. 나는 그를 웃게 만들었다.

→ He was made **to smile** by me. 그는 나에 의해 웃게 되었다.

[시험문법 1]

영만사 암기법

수동태 만들기 3단계

수·목·동·주

수동태 만들기 3단계: **목**적어 맨 앞으로,
동사를 'be + p.p'로, **주**어를 앞에 by 붙여 맨 뒤로

[시험문법 2]

영만사 암기법

**4형식 문장의 직접목적어를 주어로 수동태 만들 때,
간접목적어 앞에 전치사 for를 쓰는 동사 정리**

메·츄·바·두·파·쿡·빌

make, choose, buy, do, find, cook, build

[시험문법 3]

영만사 암기법

4형식 문장의 직접목적어를 주어로 수동태 만들 때,
간접목적어 앞에 전치사 of를 쓰는 동사 정리

인·애·리·벡

inquire, ask, require, beg

[시험문법 4]

영만사 암기법

4형식 문장을 수동태로 만들 때,
직접목적어만 주어로 수동태를 만들 수 있는 동사 정리

빌·바·츄·매·패·리·싱·롸, 겟·센·셀

build, buy, choose, make, pass, read, sing, write, get, send, sell

---

수동형분사구문

1. 수동태를 분사구문으로 만든 것
2. 앞에 'being'이나 'having been'이 보통 생략됨

수식

'꾸며준다'는 의미

> 예 명사를 '수식'하는 것을 형용사라 함

수여동사

간접목적어와 직접목적어를 필요로 하는 4형식동사

수일치

주어가 단수형이면 단수형 동사, 주어가 복수형이면 복수형 동사를 써야 하는 것

숫자(읽는 법, 만드는 법)

숫자 표현의 종류

1. 기수(cardinal number)

2. 서수(ordinal number)

3. 분수(fraction, 분자: numerator, 분모: denominator)

4. 소수(decimal)

5. 시간

6. 날짜/년도

7. 전화번호

8. 화폐

9. 온도

10. 사칙연산(the four fundamental arithmetic operations)

11. 제곱(square) / 제곱근(square root)

12. 미만/초과/이하/이상

1. **기수 읽는 법**(개수 세는 갓: 하나, 둘…)

   1) 1부터 20까지는 불규칙 (암기해야 함)

   2) 21부터는 '영만사 숫자규칙'을 따름

<영만사 숫자 규칙>

(1) 뒤에서부터 숫자 3개마다 앞에 콤마를 쓰고, 이를 기준으로 읽는 단위가 바뀜

> 예 1,000: one thousand / 1,000,000: one million

(2) 단수형을 사용함, 즉 s를 붙이지 않음

> 예 777: seven hundred seventy seven (주의! hundreds of people: 수백 명의 사람들)

[주의사항]

'막연한 수'표현에는 s를 붙임

> 예 hundreds of: 수백의

2. **서수 읽는 법**(순서 세는 것: 첫 번째, 두 번째…)

1) 기본적으로는 '영만사 숫자 규칙'을 따름

2) 1부터 3까지는 불규칙 (암기해야 함)

3) 4부터는 '영만사 서수 규칙'을 따름

<영만사 서수 규칙>

(1) 기본적으로는 기수에 th를 붙이고, 아래와 같은 예외가 있음

① e로 끝나면 e빼고 th

> 예 nine → ninth

② t로 끝나면 h만 붙임

> 예 eight → eighth

③ ve로 끝나면 ve를 f로 바꾸고 th

> 예 five → fifth

④ y로 끝나면 y를 ie로 바꾸고 th

> 예 twenty → twentieth

(2) 21 이상의 수에서는, 기수로 읽다 마지막 1의 자리만 서수로 읽음

> 예 777번째: seven hundred (and) seventy seventh

3. 분수 만드는 법

1) 분자를 기수형태로 읽음

2) 분모를 서수형태로 읽고, 이때 분자가 복수면 여기에 's'를 붙임

3) 대분수(mixed fraction)라면, 분자 앞에 기수형태로 쓰고 'and'를 씀

예 $3\frac{5}{6}$ = three **and** five sixth**s**

<참고사항>

분수관용표현: a half = $\frac{1}{2}$ / a quarter = $\frac{1}{4}$

[주의사항]

분수 만드는 3단계: 자기모서	
1단계	분자를 **기수** 형태로 읽음
2단계	분모를 **서수** 형태로 읽고, 이때 분자가 복수면 여기에 's'를 붙임
3단계	대분수라면, 분자 앞에 기수 형태로 쓰고 'and'를 씀

영만사 암기법

분수 만드는 법

자·기·모·서

먼저 분**자**를 **기**수로 쓰고, 그다음 분**모**를 **서**수로 씀

4. 소수 읽는 법

1) 소수점 앞의 숫자는 **기수**로 읽음

2) 소수점을 point로 읽음

3) 소수점 뒤의 숫자는 **한 자리**씩 읽음

예 314.1592: three hundred (and) fourteen **point** one five nine two

5. 시간 읽는 법

1) 기본: **시와 분을 각각 따로 기수로** 읽고, **정각**에는 o'clock을 붙임

> 예 7시 정각: seven o'clock, 7시 10분: seven ten

2) X시 **15분**: X fifteen, fifteen **after** X, fifteen **past** X, a quarter after X, **a quarter past** X

> 예 7시 15분: seven fifteen
>
> fifteen after seven / fifteen past seven
>
> a quarter after seven / a quarter past seven

3) X시 **30분**: X thirty, thirty after X, **half past** X

> 예 7시 30분: seven thirty
>
> thirty after seven / half past seven

4) X시 **45분**: X forty five, fifteen **to 'X + 1', a quarter to 'X + 1'**

> 예 7시 45분: seven forty five
>
> fifteen to eight / a quarter to eight

<참고사항>

a.m.(A.M.): ante meridiem (라틴어로 before noon)

p.m.(P.M.): post meridiem (라틴어로 after noon)

6. 날짜/년도

1) 날짜

(1) 항상 서수로 읽음

> 예 7일: seventh

(2) 표기법: 미국은 월/일/년도 순으로, 영국은 일/월/년도 순으로 표기

> 예 1997년 7월 1일
>
> | | |
> |---|---|
> | July1, 1997 | 영국: 1July, 1997 |
> | July1st, 1997 | 영국: 1st January, 1997 |
> | Jul1, 1997 | 영국: 1 January, 1997 |
> | 07/01/1997 | 영국: 01/07/1970 |
> | 07-01-1997 | 영국: 01-07-1997 |

2) 년도

　(1) 기본적으로 앞 두 자리와 뒤 두 자리를 따로 기수로 읽음

　　예 1777년: seventeen seventy seven

　(2) 2000년 이후는 2000을 먼저 읽고, 이후를 읽기도 함

　　예 2017년: two thousand (and) seventeen / twenty seventeen

　<참고사항>

　1900s(1900년대): nineteen hundreds

　1960s(1960년대): nineteen sixties

　90s(90년대): nineties

　B.C(Before Christ): 기원전

　A.D(Anno Domini 라틴어): 기원후

7. 전화번호 읽는 법

　1) 숫자를 **한 자리씩** 읽음

　2) '0'은 zero 또는 '오우'로 읽음

　3) 같은 숫자 두 개가 연속으로 오면 숫자 앞에 'double'을 붙이고, 숫자는 한 번만 읽고, 세 개가 연속으로 오면 숫자 앞에 'triple'을 붙이고 한 번만 읽음 (각각 따로 한 자리씩 읽어도 됨)

　　예 010-7788-9777

　　　zero one zero double seven double eight nine triple seven

　　　zero one zero seven seven eight eight nine seven seven seven

8. 화폐 읽는 법

　1) 금액의 숫자가 **1이 아니면 화폐단위에 s를 붙임**

　　예 1 dollar, 2 dollars, 1 cent, 2 cents

　2) 화폐단위를 상호 인지하고 있는 경우는 화폐단위를 생략하기도 함

　　예 $7.77: seven dollars seventy seven cents / seven seventy seven

9. 온도 읽는 법

1) 종류: 섭씨(°C, Celsius 셀시어스), 화씨(°F, Fahrenheit 패런하이트)

2) 읽는 법

(1) 기본적으로 **소수 읽는 법과 같음**

(2) 그다음에 degree를 붙이며, 플러스 마이너스 관계없이 **숫자가 1이 아니면** degree에 **s**를 붙임

> 예 1°C: one degree   0°C: zero degree**s**   0.7°C: zero point seven degree**s**

(3) 그다음에 Celsius나 Fahrenheit를 붙임 (상황에 따라 생략 가능)

(4) 온도가 '−'일 경우는 맨 앞에 minus를 붙이거나, 맨 뒤에 **below zero**를 붙임

> 예 −8°C: minus eight degree Celsius 또는 eight degree Celsius below zero

10. 사칙연산 읽는 법

1) 덧셈(addition)

(1) '+' 기호 대신 사용되는 표현: and, plus

(2) '=' 기호 대신 사용되는 표현: be동사, equal, make

(3) **단수 또는 복수취급**

> 예 7 + 7 = 14
>
> Seven and seven is(are) fourteen.
>
> Seven plus seven equal(s) fourteen.

2) 뺄셈(subtraction)

(1) '−' 기호 대신 사용되는 표현: minus, (subtracted) from (**숫자의 순서가 바뀜에 주의**)

(2) '=' 기호 대신 사용되는 표현: be동사, equal, leave, make

(3) **단수취급**

> 예 14 − 7 = 7
>
> Fourteen minus seven **is** fourteen.
>
> **Seven**(subtracted) from **fourteen** equal**s** seven. (숫자 순서 주의)

3) 곱셈(multiplication)

(1) '×' 기호 대신 사용되는 표현: multiplied by, times

(2) '=' 기호 대신 사용되는 표현: be동사, equal, make

(3) 단수 또는 복수취급

⑩ $7 \times 7 = 49$

Seven multiplied by seven is(are) forty nine.

Seven times seven equal(s) forty nine.

4) 나눗셈(division)

(1) '÷' 기호 대신 사용되는 표현: divided by

(2) '=' 기호 대신 사용되는 표현: be동사, equal, make

(3) '나머지'에 사용되는 표현: with a remainder of, R

(4) 단수취급

⑩ $17 \div 7 = 2$ 나머지 3

Seventeen divided by seven is two with a remainder of three.

Seventeen divided by seven equals two R three.

11. 제곱/제곱근

1) 제곱

(1) 2제곱: squared, the square of

⑩ 7^2: seven squared / the square of seven

(2) 3제곱: cubed, the cube of

⑩ 7^3: seven cubed / the cube of seven

(3) X의 n(4 이상)제곱: X to the n(서수) power, X to the power of n(기수)

⑩ 7^4: seven (raised) to the fourth power / seven (raised) to the power of four

2) 제곱근

(1) 2제곱근: the square root of

⑩ $\sqrt{7}$: the square root of seven

(2) 3제곱근: the cube root of

⑩ $\sqrt[3]{7}$: the cube root of seven

(3) X의 n(4 이상)제곱근: the n(서수) root of

(예) $\sqrt[4]{7}$: the fourth root of seven

12. 미만/초과/이하/이상

1) 미만: below, under, less than

(예) below 7, under 7, less than 7

2) 초과: above, exceeding, in excess of, more than, over

(예) above 7, exceeding 7, in excess of 7, more than 7, over 7

3) 이하: and under, or below, or less

(예) 7 and under, 7 or below, 7 or less

4) 이상: and over, or above, or more

(예) 7 and over, 7 or above, 7 or more

<주요국가 화폐단위 및 통화코드> (가나다순)					
	국가명 공식 국가명	**화폐단위** 통화코드		**국가명** 공식 국가명	**화폐단위** 통화코드
1	남아프리카 공화국 Republic of South Africa	Rand ZAR	2	노르웨이 the Kingdom of Norway	Krone NOK
3	뉴질랜드 New Zealand	Dollar NZD	4	대만 Taiwan	Dollar TWD
5	덴마크 the Kingdom of Denmark	Krone DKK	6	러시아 Russia	Ruble RUB
7	말레이시아 the Federation of Malaysia	Ringgit MYR	8	멕시코 United Mexican States	Peso MXN
9	미국 the United States (of America)	Dollar USD	10	바레인 the State of Bahrain	Dinar BHD
11	방글라데시 the People's Republic of Bangladesh	Taka BDT	12	베트남 the Socialist Republic of Vietnam	Dong VND
13	브라질 the Federative Republic of Brazil	Real BRL	14	브루나이 Brunei	Dollar BND

	국가명 공식 국가명	화폐단위 통화코드		국가명 공식 국가명	화폐단위 통화코드
15	사우디아라비아 the Kingdom of Saudi Arabia	Riyal SAR	16	스위스 the Swiss Confederation	Franc CHF
17	싱가포르 the Republic of Singapore	Dollar SGD	18	아랍에미리트 United Arab Emirates	Dirham AED
19	영국 the United Kingdom	Pound GBP	20	유럽연힙 European Union	Euro EUR
21	이집트 the Arab Republic of Egypt	Pound EGP	22	인도 India	Rupee INR
23	인도네시아 the Republic of Indonesia	Rupiah IDR	24	일본 Japan	Yen JPY
25	중국 the people's Republic of China	Yuan CNY	26	캐나다 Canada	Dollar CAD
27	쿠웨이트 the State of Kuwait	Dinar KWD	28	태국 the Kingdom of Thailand	Baht THB
29	터키 the Turkish Republic	Lira TRY	30	파키스탄 the Islamic Republic of Pakistan	Rupee PKR
31	필리핀 the Republic of the Philippines	Peso PHP	32	헝가리 Hungary	Forint HUF
33	호주 Australia	Dollar AUD	34	홍콩 Hong Kong Sar	Dollar HKD

1 one 1st first		**11** eleven 11th eleventh		**21** twenty one 21st twenty first	
2 two 2nd second		**12** twelve 12th twelfth		**22** twenty two 22nd twenty second	
3 three 3rd third		**13** thirteen 13th thirteenth		**23** twenty three 23rd twenty third	
4 four 4th fourth		**14** fourteen 14th fourteenth		**24** twenty four 24th twenty fourth	
5 five 5th fifth		**15** fifteen 15th fifteenth		**25** twenty five 25th twenty fifth	
6 six 6th sixth		**16** sixteen 16th sixteenth		**26** twenty six 26th twenty sixth	
7 seven 7th seventh		**17** seventeen 17th seventeenth		**27** twenty seven 27th twenty seventh	
8 eight 8th eighth		**18** eighteen 18th eighteenth		**28** twenty eight 28th twenty eighth	
9 nine 9th ninth		**19** nineteen 19th nineteenth		**29** twenty nine 29th twenty ninth	
10 ten 10th tenth		**20** twenty 20th twentieth		**30** thirty 30th thirtieth	

\<영만사 숫자표\> (위: 기수, 아래: 서수)

40 40th	forty fortieth
50 50th	fifty fiftieth
60 60th	sixty sixtieth
70 70th	seventy seventieth
80 80th	eighty eightieth
90 90th	ninety ninetieth
100 100th	one hundred one hundredth
1,000 1,000th	one thousand one thousandth
1,000,000 1,000,000th	one million one millionth
1,000,000,000 1,000,000,000th	one billion one billionth

777
seven hundred (and) seventy seven

7,777
seven thousand seven hundred (and) seventy seven

777,777
seven hundred (and) seventy seven thousand
seven hundred (and) seventy seven

hundred	백
thousand 10^3	천
million 10^6	백만
billion 10^9	십억
trillion 10^{12}	일조
quadrillion 10^{15}	천조
quintillion 10^{18}	백경
sextillion 10^{21}	십해
septillion 20^{24}	일자

시간절

1. 시간을 나타내는 부사절(when, while 등)

2. 현재가 미래를 대신(미래표현에도 will을 쓰면 안 됨, 조건절도 같음)

3. 주어가 주절의 주어와 같고, 동사가 be동사이면 주어와 be동사 생략 가능

시제

1. 뜻: 문장의 시간 형태

2. 기본: 과거, 현재, 미래

3. 확장: 과거완료, 과거완료진행형, 현재완료, 현재완료진행형, 현재진행형, 미래완료, 미래완료진행형 등

양보

'비록 ~일지라도'라고 해석되는 것

양보절

1. 양보(비록 ~일지라도)를 나타내는 부사절(though, although 등)

2. 주어가 주절의 주어와 같고 동사가 be동사이면 주어와 be동사 생략 가능

양화사

수량을 나타내는 한정사

　例 many, much, few, little, any, some, no, all, both …

어법

어떤 언어를 사용하는 사람들이 만든 '말의 습관'

어순

단어 배열 순서

[시험문법]

종류	암기법	어순
주의해야 할 어순 정리		
as	애즈형어명	as + 형용사 + a/an + 명사(so의 어순과 같음)
so	소형어명	so + 형용사 + a/an + 명사
how감탄문	하우형어명주동	how + 형용사 + a/an + 명사 + 주어 + 동사 (예: How smart a boy he is!)
such	써취어형명	such + a/an + 형용사 + 명사
what감탄문	왓어형명주동	what + a/an + 형용사 + 명사 + 주어 + 동사 (예: What a smart boy he is!)
간접의문문	의주동	의문사 + 주어 + 동사
빈도부사	일앞조비뒤	일반동사 앞, 조동사/be동사 뒤
구동사	동대부	동사 + 대명사 + 부사('동사 + 부사 + 대명사'는 틀림에 주의)

연음

자음으로 끝나는 음절에 모음으로 시작되는 음절이 이어질 때, 앞 음절의 끝소리가
뒤 음절의 첫소리가 되는 음운 현상

> 예 did [did] + you [juː] → [didʒuː]

완료동명사

현재완료(have + p.p)와 동명사(~ing)가 결합된 형태 (having + p.p)

완료부정사

현재완료(have + p.p)와 to부정사가 결합된 형태 (to have + p.p)

완전자동사

보어가 없어도 뜻이 완전한 자동사

완전타동사

보어가 없어도 뜻이 완전한 타동사

원급

형용사의 원형 ('원급비교' 참조)

원급비교

1. 정의

   원급을 이용한 비교

2. 기본형

원급비교 기본형	
긍정문	as A as B: B만큼 A한
부정문	not so(as) A as B: B만큼 A하지 않은

3. 용법

1) as A as one can: 가능한 한 A하게

(예문) Finish your homework **as** soon **as you can**.

2) as A as possible: 가능한 한 A하게

(예문) Finish your homework **as** soon **as possible**.

3) 배수사 + as A as B: B의 몇 배만큼 A한

(예문) This car is **twice as** expensive **as** that car.

4) 원급을 이용한 최상급 표현: No ~ as A as B

(예문) **No** boy is **as** tall **as** him in this class.

원형부정사

1. 뜻: 동사원형이 앞에 to없이 부정사로 사용된 것

2. 용법: 사역동사, 지각동사 등의 용법에 활용됨

유사관계대명사

1. 정의

as, but, than이 **주격관계대명사나 목적격관계대명사역할**을 하는 것

2. 기본형

as, but, than

3. 용법

1) as 용법

	유사관계대명사 as의 용법
1	**선행사**가 'as + 형용사'로 수식될 때
2	**선행사**가 'such'로 수식될 때
3	**선행사**가 'the same'으로 수식될 때
4	**문장 전체**를 받아 **주격관계대명사**로 쓰일 때(뒷 문장이 맨 앞으로 올 수 있음)
5	**문장 전체**를 받아 **목적격관계대명사**로 쓰일 때(뒷 문장이 맨 앞으로 올 수 있음)

유사관계대명사 as의 용법: 예문	
1	**As** many cars **as** I saw were beautiful.
2	He is **such** a smart boy **as** solves the problem.
3	This is **the same** car **as** I bought yesterday.
4	He is singing now, **as** is often the case. = **As** is often the case, he is singing now.
5	The car had broken down, **as** I discovered yesterday. = **As** I discovered yesterday, the car had broken down.

2) but 용법

선행사가 있는 절에 not/no 등의 **부정어**가 있을 때 **주격관계대명사**로 사용되고, but 자체에 부정의 의미를 포함하고 있어 'that ~ not'으로 바꿔 쓸 수 있음

> 예문 There is no rule **but** has exceptions.
>
> = There is no rule **that** does **not** have exceptions.
>
> 예외를 가지지 않는 규칙은 없다

3) than 용법

선행사가 **비교급**으로 수식될 때

> 예문 I save **more** money **than** I spend.

의문문

말하는 사람이 듣는 사람에게 질문을 하여 그 해답을 요구하는 문장

> 예 직접의문문, 간접의문문, 부가의문문 등

의문사

의문의 초점이 되는 단어

> 예 what, when, who 등

의문사절

의문사가 절을 이끌면서 명사역할을 하는 것 (어순: 의문사 + 주어 + 동사)

의문사 + to부정사

1. 해석: ~해야 할 지
2. '의문사 + 주어 + should + 동사원형'으로 바꿔 쓸 수 있음

의미상의 주어

1. to부정사, 동명사에 쓰인 동사의 동작을 누가 하는지 나타낸 것
2. to부정사는 앞에 'for + 목적격', 동명사는 앞에 '목적격'이나 '소유격'

이어동사

동사가 다른 단어와 짝을 이뤄 '구' 형태가 된 것을 '구동사'라 하고, 구동사 중 두 개의 단어로 된 것을 '이어동사'라 함

이중소유격

한정사는 2개를 연속하여 쓸 수 없으므로, of와 소유대명사를 활용하여 표현한 것

예 내 친구 중 1명: a my friend(X), a friend of mine(O)

<참고사항 1>

한정사
1. 뜻: 명사 앞에서 명사를 제한하는 것
2. 2개를 연속해서 나열할 수 없음
3. 종류: 관사, 지시사, 양화사, 소유격

<참고사항 2>

관사: a / an / the

지시사: this / these / that / those…

양화사(수량을 나타내는 한정사): many / much / few / little / any / some / no / all / both…

소유격: my / your / his / her / its / our / their…

[시험문법]

이중소유격에서 of 뒤가 '소유대명사'

> 예 내 친구 중 1명: a friend of my(X), a friend of mine(O)

인칭대명사

사람을 가리키는 기능을 하는 품사

> 예 I, you, she, he 등

일치

영어 단어로 문장을 만들 때, 성/수/격/시제/문법요소 등을 상호 맞춰주는 것

> 예 수일치, 시제일치 등

자동사

동작이나 작용이 주어 자신에만 그칠 뿐 다른 사물에 미치지 않는 동사

재귀대명사

1. 정의

   주어의 동작이 다시 주어로 되돌아가는 관계를 나타내는 대명사

2. 기본형

재귀대명사의 기본형		
	단수	복수
1인칭	myself	ourselves
2인칭	yourself	yourselves
3인칭	herself, himself, itself	themselves

3. 용법

1) **재귀용법**: 목적어로 쓰인 경우로 **생략 불가**

   예문 I am proud of myself.

2) **강조용법**: 문장구성요소가 아니므로 **생략 가능**

   예문 He did it himself.

전체부정

1. 뜻: 문장의 내용을 100% 부정하는 것('부분부정' 참조)

2. 용법

전체부정 용법	
not과 다른 단어 조합	단독
not + any	no
not + anyone	none
not + anything	nothing
not + anywhere	nowhere
not + either	neither
not + ever	never

전치사

명사/대명사(또는 그에 준하는 말) 앞에 놓여, 다른 명사/대명사와의 관계를 나타내는 품사

[주의사항]

전치사 바로 뒤에, 명사는 '목적격', 동사는 '동명사'가 와야 함

전치수식

앞에서 꾸며주는 것을 말함

절

2개 이상의 단어로 되어 있고, 주어와 동사가 있는 완전한 문장인 것

<참고사항>

구

2개 이상의 단어로 되어 있으나, 주어나 동사가 없어서 문장이 아닌 것

접속부사

접속사 역할을 하는 부사

<참고사항>

주요 접속부사 성리			
accordingly	따라서	besides	게다가
consequently	결과적으로	furthermore	게다가
hence	그러므로	however	그러나
likewise	마찬가지로	meanwhile	한편으로는
moreover	게다가	nevertheless	그럼에도 불구하고

otherwise	그렇지 않으면	subsequently	이후에
thus	그러므로		

접속사

앞에 오는 단어나 구 또는 문장을 받아서 뒤에 오는 단어·구·문장과 접속시켜주는 단어

정관사 the

정관사: 명사 앞에 놓어서 가벼운 제한을 가하는 말

[시험문법]

정관사 the를 붙이는 경우

1. **최상급**

   예문 He is **the** tallest boy in his class.

   그는 그의 반에서 키가 제일 크다.

2. **서수사**

   예문 The shop is on **the** second floor.

   그 가게는 2층에 있다.

3. **유일무이한 명사**

   예 **the** sun, **the** earth, **the** west

4. **대표**

   예문 **The** dog is smart.

   개라는 동물은 똑똑하다.

5. 동작의 대상이 되는 **신체 일부**

   예문 I touched him by **the** hand. = I touched his hand.

   난 그의 손을 만졌다.

6. **단위명사**

   예문 This is sold by **the** kg.

   이것은 kg 단위로 판매된다.

7. **악기**

> **예문** I can play **the** piano. 　　　난 피아노를 칠 수 있다.

8. **강**

> **예** **the** Han River(한강), **the** Thames(템스강)

9. **철도**

> **예** **the** Pennsylvania Railroad(펜실베이니아 철도)

10. **산맥**

> **예** **the** Alps(알프스산맥), **the** Rockies(로키산맥)

11. **바다**

> **예** **the** Pacific(태평양), **the** Atlantic(대서양)

12. **도로**

> **예** **the** Kensington Road(켄싱턴가), **the** Cromwell Road(크롬웰가)

13. **관공서**

> **예** **the** White House(백악관), **the** British Museum(대영박물관)

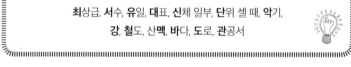

영만사 암기법

정관사 the를 붙이는 경우

최·서·유·대·신·단·악, 강·철·맥·바·도·관

최상급, **서**수, **유**일, **대**표, **신**체 일부, **단**위 셀 때, **악**기,
강, **철**도, 산**맥**, **바**다, **도**로, **관**공서

조건절

1. 조건을 나타내는 부사절(if, unless 등)

2. 현재가 미래를 대신(미래표현에도 will을 쓰면 안 됨, 시간절도 같음)

3. 주어가 주절의 주어와 같고 동사가 be동사이면, 주어와 be동사 생략 가능

조동사

be동사나 일반동사 앞에 쓰여서, 동사에 어떤 특정한 의미를 보태 주는 동사

예 can, may, must 등

[시험문법]

	'조동사 + have + 과거분사' 정리
can not have p.p	~했을 리가 없다
could have p.p	~했었을 수도 있었는데, **하지 않았다**
could not have p.p	~을 시도했었어도 불가능했다
may have p.p	~했을지도 모른다
might have p.p	~했을지도 모른다 (may보다 약한 뜻)
must have p.p	~이었음에 틀림없다
should have p.p	~했어야 했었는데, 하지 않았다 (그 당시에 아예 **시도하지 않았다**)
would have p.p	~했어야 했었는데, 하지 못했다 (그 당시에 **시도했으나, 안됐다**)

종속절

1. 한 문장이 두 개 이상의 절로 구성되어 있을 때, 덜 중요한 절
2. 일반적으로 앞에 접속사가 있는 절

종속접속사

종속절을 주절에 연결하는 if, though, since, that, when 등

주격보어

주어를 보충 설명하는 것

주관

'주격관계대명사'의 약어 표기

주어

동작이나 상태의 주체가 되는 말

주절

한 문장이 두 개 이상의 절로 구성되어 있을 때, 가장 중요한 절

준동사

동사는 아니지만 동사에 준하는 것으로 to부정사, 동명사, 분사 등이 있음

준부정어

1. 부정어(not, never 등)가 아니면서도 부정으로 해석되는 것
2. 해석: 거의 ~하지 않다

[시험문법]

준부정어 단어 정리

barely, hardly, rarely, scarcely, seldom

준사역동사

1. 사역동사와 유사한 형태로 쓰이는 동사

2. 종류: get, help

[시험문법]

사역동사/준사역동사 용법 정리		
종류	동사	용법
사역동사	have	1. '**동사 + 목적어 + 목적격보어**' 형태로 쓰일 때 사역동사라고 함 2. 목적격보어: **동사원형, 형용사, 현재분사, 과거분사** 3. 목적격보어로 **to부정사는 올 수 없음**에 주의
	let	
	make	
준사역동사	get	목적격보어로 **to부정사, 형용사, 현재분사, 과거분사**가 와야 함
	help	목적격보어로 **동사원형** 또는 **to부정사**가 와야 함

중문

절을 and, but 등 등위 접속사로 이은 문장

지각동사

1. **정의**: 오감과 관련된 동사가 3형식/5형식으로 쓰일 때, 이를 지각동사라 함

   ※ 얼굴을 떠올림: 눈, 코, 입, 귀, (볼)의 느낌

   예 see, watch, look at, smell, taste, hear, listen to, feel, notice 등

2. **용법**

   1) 3형식: 주어 + 지각동사 + 목적어

   2) 5형식: 주어 + 지각동사 + 목적어 + 목적격보어

3. **주의사항**

   1) 목적격보어로 사용 가능한 것: 동사원형, 형용사, 현재분사, 과거분사 (**to부정사**는 **안됨**에 주의)

   2) 지각동사가 쓰인 문장이 **수동태**로 바뀌면 **목적격보어**가 to부정사로 바뀜 ('수동태' 참조)

[시험문법]

감각동사 용법 정리

1. **정의**

   오감과 관련된 동사가 2형식으로 쓰일 때, 이를 감각동사라 함

   ※ 얼굴을 떠올림: 눈, 코, 입, 귀, (볼)의 느낌

   예 look, smell, taste, sound, feel 등

2. **용법**

   1) 감각동사 + **형용사**

   2) 감각동사 + **like** + **명사**

3. **주의사항**

   1) 2형식으로 쓰일 경우 이를 감각동사라 함

   2) 같은 단어라도 3형식/5형식으로 쓰이면 지각동사라 함

지시대명사

사물을 가리키는 '이것, 그것, 저것, 무엇'과 장소를 가리키는 '여기, 거기, 저기, 어디'
등을 말함

예 this, that 등

지시사

어떤 것을 가리키는 한정사

예 this, these, that, those …

직접의문문

자체가 하나의 주된 역할을 하는 의문문

간접의문문 / 직접의문문 비교		
차이점	간접의문문	직접의문문
역할	어떤 **절 안**에서 **명사 역할** (주어, 목적어, 보어, 전치사 뒤)	자체가 하나의 주된 역할
어순	의문사 + **주어** + **동사**	의문사 + **동사** + **주어**
예문	I know who **he is**.	Who **is he**?

직접화법

누군가가 한 말을 화자가 청자에게 전달하는 방법 ('화법 전환' 참조)

직접화법 / 간접화법 비교		
	직접화법	**간접화법**
정의	누군가가 한 말을 **그대로** 반복해서 **전달**하는 것	누군가가 한 말을 **보고하는 형식**으로 **전달**하는 것
예문	He said to me, "I am hungry".	He told me that he was hungry.

진주어

'진짜 주어'라는 의미로, 주어가 긴 경우 진짜 주어 자리에 가주어 it을 쓰고 진짜 주어는 맨 뒤로 보냄

진행형

1. 어느 한 순간에 진행되고 있는 **동작**에 **초점**을 둔 표현

2. **시제에 따른 진행형**

			시제에 따른 진행형			
명칭	과거완료 진행형	과거 진행형	현재완료 진행형	현재 진행형	미래완료 진행형	미래진행형
기본형	had been ~ing	be동사과거형 ~ing	have/has been ~ing	be동사현재형 ~ing	will have been ~ing	will be ~ing
해석	~해오고 있는 중이었다	~하고 있는 중이었다	~해오고 있는 중이다	~하고 있는 중이다	~해가고 있는 중일 것이다	~하고 있는 중일 것이다

3. 동작이 아닌 **상태**를 나타내는 **동사**는 일반적으로 **진행형**을 **만들지 않음**

집합명사

1. **정의**

여러 개가 하나의 집합을 이루는 명사

> 예 class, family, team 등

2. **용법**

1) 상황에 따라, 단수취급/복수취급 **둘 다 가능**

단수취급(집합명사): 하나의 집합체로 볼 때

> 예문 The family **is** large.　　그 가족은 대가족이다.

복수취급(군집명사): 집합체 안의 하나하나에 중점을 둘 때

> 예문 How **are** his family?　　그의 가족 개개인은 안부가 어떠니?

2) 두 개의 집합체를 표현할 때는 **복수형 가능**

> 예문 There **are** 3teams in his company.

3. 주의사항

1) 항상 복수취급하는 집합명사: 형태는 단수형태이면서 항상 복수취급

cattle, people, poultry, **the** clergy, **the** nobility, **the** police, vermin 등

2) 불가산명사로 취급하는 집합명사: 집합적 의미의 불가산명사로 볼 수도 있음

baggage(소포), clothing(의류), furniture(가구), merchandise(상품), produce(농산물), game(사냥감)

최상급

1. 정의

'가장 ~한'이라는 의미를 가진 표현

2. 기본형

the + 형용사/부사 + est

3. 용법

1) 'est' 붙이는 규칙

일반적으로는 er을 붙이나 아래와 같은 예외가 있음	
자와	(자음 + y)로 끝나면, y를 i로 고치고 er 예 easy – easier
단모단자	(단모음 + 단자음)으로 끝나면, 자음을 한번 더 쓰고 er 예 big – bigger

※ 단모음: 하나의 모음 양쪽에 자음이 오는 경우

단자음: 하나의 자음 양쪽에 모음이 오는 경우

2) 'est' 대신 most를 쓰는 경우

3음절 이상의 단어

3) the가 생략되는 경우

(1) 최상급이 보어로 쓰일 때

예문 The car looks best.

(2) 한 개체(사람, 사물 등)의 두 가지 속성을 비교할 때

예문 The mountain is most beautiful in this season.

(3) 부사가 최상급으로 쓰일 때

예문 He runs fastest in his class.

(4) 최상급 앞에 소유격이 있을 때

예문 This painting is his best one.

4) 최상급 강조

최상급 앞에 quite, pretty, much, by far 등을 씀

예문 This book is much thickest in this bookstore.

5) 관용표현

최상급 관용 표현	
표현	뜻
one of + 최상급 + **복수명사** + **단수동사**	가장 ~한 것들 중 하나
최상급 + in **장소**	~에서 가장 ~한
최상급 + **possible**	가능한 것들 중 가장 ~한
최상급 + **of** 집단	~중 에서 가장~한
최상급 + **to date**	지금까지 가장 ~한

[시험문법 1]

영만사 암기법

최상급강조에 쓰이는 표현 정리

콰·프·머·바

quite, pretty, much, by far

[시험문법 2]

비교급/원급을 이용한 최상급 표현 정리
비교급 + than + **any** other + **단수**명사
비교급 + than + **all** the (other) + **복수**명사
no + 비교급 + than + A
no + 비교급 + **so** + 원급 + as + A

추상명사

1. 정의

성질, 상태, 개념 등 형태가 없는 것

예 knowledge, love, peace 등

2. 용법

1) 불가산명사이므로, 부정관사 a/an을 쓰지 않고 복수형이 없음

2) 수식어로 **수식될 경우**, 정관사 **the**를 씀

3) 수량 표시

   (1) a little, little, much, some 등의 **한정사**를 사용

   (2) **특정어구**를 사용

     예 a bit of, a case of, a piece of, a stroke of 등

3. 주의사항

1) a/an을 써서 **단수**로, s를 붙여 **복수**로 쓰는 경우: **구체적인 예**

   예문 He lived a happy life.

     그는 행복한 삶을 살았다.

2) 전치사 + 추상명사

   (1) of + 추상명사 = 형용사

     예문 This is a tool **of use**.   This is a **useful** tool.

       이것은 유용한 도구이다.

(2) with + 추상명사 = 부사

예문 He helped me **with kindness**.　　　He helped me **kindly**.

그는 나를 친절하게 도왔다.

3) 추상명사 + itself = **all** + 추상명사: 매우 ~한 (암기법: '추잇올추')

예문 The teacher was **kindness itself**.　　　The teacher was **all kindness**.

그 선생님은 매우 친절했다.

타동사

동작의 대상인 목적어를 필요로 하는 동사

투명

'to부정사 명사적용법'의 약어 표기로, 주어 / 목적어 / 보어가 됨 (해석: ~하는 것)

투부감

to부정사 부사적 용법 중 '감정의 원인'의 약어 표기

투부목

to부정사 부사적 용법 중 '목적'의 약어 표기 (해석: '~하기 위해서', '~하기 위한'으로 해석되면 '투형')

평서문

말하는 이가 듣는 이에게 어떤 요구, 지시, 물음의 의도가 없이, 자기의 생각만을 평범하게 나타내는 문장

품사

단어를 기능, 형태, 의미에 따라 나눈 갈래

한정사

1. 뜻: 명사 앞에서 명사를 제한하는 것
2. 2개를 연속해서 나열할 수 없음
3. 종류: 관사, 지시사, 양화사, 소유격

<참고사항>

한정사와 그 예

관사: a / an / the

지시사: this / these / that / those…

양화사(수량을 나타내는 한정사): many / much / few / little / any / some / no / all / both…

소유격: my / your / his / her / its / our / their…

현분

'현재분사'의 약어 표기 ('현재분사' 참조)

현분 후치수식

1. 현재분사가 **명사**를 **후치수식**(뒤에서 꾸며주는)하는 경우
2. 앞의 명사와 현재분사 사이에 '**주격관계대명사 + be동사**'가 **생략**된 것으로 봄

   예문 There is a boy walking with his dog.

   There is a boy (**who is**) walking with his dog.

현재분사

1. 분사: 동사에 'ing'(현재분사)나 'ed'(과거분사)를 붙여 **동사적, 부사적, 형용사적 기능**을 하는 것

2. 현재분사

   1) **동사**적 기능

      현재진행형(be + ~ing)에 활용되는 경우

   2) **부사**적 기능

      분사구문에 활용되는 경우

   3) **형용사**적 기능

      한정용법, 서술용법으로 활용되는 경우

분사의 형용사적 용법 비교		
	한정용법	서술용법
정의	명사 앞·뒤에서 명사를 수식	보어로 쓰임
해석(능동의 의미)	~한	~한 상태로
예문	The **sleeping** baby is cute.	The baby sat **sleeping**.

   ※ **현재분사와 동명사 구별하는 법**: '**~하기 위한**'이라는 **용도**의 의미로 해석되면 **동명사**, 아니면 현재분사

   예 a **sleeping** baby 잠자는 아기 (현재분사)

   　　a **sleeping** bag 침낭(잠자기 위한 가방) (동명사)

   4) **명사**를 **후치수식**(뒤에서 꾸며주는)하는 경우

      앞의 명사와 현재분사 사이에 '**주격관계대명사 + be동사**'가 **생략**된 것으로 봄

      예문 There is a boy walking with his dog.

      　　There is a boy (**who is**) walking with his dog.

3. **전치사처럼 활용**되는 분사

   분사이지만, 뒤에 명사가 오는 **전치사처럼 활용**됨

전치사처럼 활용되는 분사 정리	
based on	~에 근거하면
concerning	~에 관해서
considering	~을 고려할 때
depending on	~에 따라
given	~을 고려할 때
including	~을 포함하여
regarding	~에 관해서

[시험문법 1]

동사 과거형/과거분사형 만드는 규칙 정리

일반적으로는 **ed**를 붙이나 아래와 같은 예외를 갖는다.

1. **자와**: (자음 + y)로 끝나면, y를 i로 고치고 ed

   예 study - studied

2. **단모단자일**: (단모음 + 단자음)으로 끝나는 1음절 동사. 자음 하나 더 쓰고 ed

   예 stop - stopped

3. **강모단자이**: (강세 있는 모음 + 단자음)으로 끝나는 2음절 동사. 자음 하나 더 쓰고 ed

   예 prefer - preferred

4. **c**: k붙이고 ed

   예 picnic - picnicked

영만사 암기법

동사 과거형/과거분사형 만드는 규칙 정리

1. 자와
2. 단모단자일
3. 강모단자이
4. c

[시험문법 2]

동사 현재분사형/동명사형 만드는 규칙 정리

일반적으로는 **ing**를 붙이나 아래와 같은 예외가 있음

1. **기본적으로 동사의 과거형과 같음**. 하지만 아래와 같은 차이점이 있음

2. **자와 없음**

3. **e**: e로 끝나면, e빼고 ing

   예 smile - smiling

4. **ie**: ie로 끝나면, ie를 y로 바꾸고 ing

   예 lie - lying

영만사 암기법

동사 현재분사형/동명사형 만드는 규칙 정리

1. 동사과거형 규칙과 같음
2. 자와없음
3. e
4. ie

현재시제

지금 일어나고 있는 동작 또는 현재의 상태를 표현할 때 사용하는 시제

현재완료

1. 정의

   과거의 어느 때 시작해서 **현재**까지 이어지는 동작/상태를 나타내는 것으로, **시간의 덩어리**

2. 기본형: have + p.p

3. 용법

1) 종류 (계경완결)

현재완료 용법 종류		
	특징	자주 등장하는 단어
계속 용법	현재도 동작/상태가 **진행 중**	since, for
경험 용법	과거에 ~을 **해보았음**	before, once, never, ever
완료 용법	동작/상태가 **방금 전에 끝났음**	just, now, already, yet
결과 용법	과거에 완료된 일이 현재까지 **영향**	없음

2) have been to / have gone to 용법

have been to / have gone to 용법		
	특징	주의사항
have been to	~에 다녀 왔다	경험 용법
have gone to	~에 가서 안 왔다	결과 용법, **3인칭에만 사용**

4. 주의사항

현재완료와 같이 쓸 수 없는 단어

yesterday, ago, last, when, just now 등, **과거의 구체적 시점과 관련된 단어**

5. 필수암기예문

1) **계속 용법**(지금까지 계속 ~ 해오고 있다)

   I **have been** sick **since** yesterday.　　(since가 yesterday를 시간의 덩어리로 만들어 주었음)

   = I was sick yesterday, and I am still sick.

   나는 어제 이후로 계속 아프다.

2) **경험 용법**(과거에 ~해 본 적이 있다)

   I **have not visited** Japan **before**.　　나는 일본을 방문해 본 적이 없다.

3) **완료 용법**(방금 ~을 끝냈다)

   I **have just finished** my work.　　나는 방금 일을 끝냈다.

4) **결과 용법**(~한 결과 현재 ~하다)

I have bought the pen.   나는 그 펜을 샀다.

= I bought the pen, and I still have it.

나는 그 펜을 샀다. 그리고 잃어버리지 않고 현재도 소유하고 있다.

주의) I bought the pen.

나는 그 펜을 샀다. (하지만 지금도 소유하고 있는지 아닌지는 불분명)

5) **have been to / have gone to**

I **have been to** Japan.   나는 일본에 가본 적이 있다.

He **has gone to** Japan.   그는 일본에 갔다. (가서 안 돌아왔다)

[시험문법 1]

영만사 암기법

현재완료 4가지 용법

계·경·완·결

계속, 경험, 완료, 결과

[시험문법 2]

영만사 암기법

현재완료 '계속 용법' 자주 등장하는 단어 정리

계·신·포

계속 용법에 자주 등장하는 단어: since, for

[시험문법 3]

영만사 암기법

현재완료 '경험 용법' 자주 등장하는 단어 정리

경·비·원·네·에

경험 용법에 자주 등장하는 단어: before, once, never, ever

[시험문법 4]

영만사 암기법

현재완료 '완료 용법' 자주 등장하는 단어 정리

완·저·나·올·옛

완료 용법에 자주 등장하는 단어: just, now, already, yet

[시험문법 5]

영만사 암기법

현재완료와 같이 쓸 수 없는 단어 정리

예·어·라·휀·저스트나우

현재완료와 같이 쓸 수 없는 단어: yesterday, ago, last, when, just now

현재완료수동태

현재완료(have + p.p)와 수동태(be + p.p)가 결합된 것(have + been + p.p)

현재완료진행형

1. 진행형: 어느 한 순간에 진행되고 있는 **동작**에 **초점**을 둔 표현

2. **시제에 따른 진행형**

시제에 따른 진행형					
명칭	과거완료 진행형	과거 진행형	현재완료 진행형	현재 진행형	미래완료 진행형	미래진행형
기본형	had been ~ing	be동사과거형 ~ing	have/has been ~ing	be동사현재형 ~ing	will have been ~ing	will be ~ing
해석	~해오고 있는 중이었다	~하고 있는 중이었다	~해오고 있는 중이다	~하고 있는 중이다	~해가고 있는 중일 것이다	~하고 있는 중일 것이다

3. 동작이 아닌 **상태**를 나타내는 **동사**는 일반적으로 **진행형**을 만들지 않음

현재진행형

1. 진행형: 어느 한 순간에 진행되고 있는 **동작**에 **초점**을 둔 표현

2. **시제에 따른 진행형**

시제에 따른 진행형					
명칭	과거완료 진행형	과거 진행형	현재완료 진행형	현재 진행형	미래완료 진행형	미래진행형
기본형	had been ~ing	be동사과거형 ~ing	have/has been ~ing	be동사현재형 ~ing	will have been ~ing	will be ~ing
해석	~해오고 있는 중이었다	~하고 있는 중이었다	~해오고 있는 중이다	~하고 있는 중이다	~해가고 있는 중일 것이다	~하고 있는 중일 것이다

3. 동작이 아닌 **상태**를 나타내는 **동사**는 일반적으로 **진행형**을 만들지 않음

형식

문장의 형식 ('1형식', '2형식', '3형식', '4형식', '5형식' 참조)

형용사

명사의 모양, 색깔, 성질, 크기, 개수 등을 자세하게 설명하거나 꾸며 주는 말

[시험문법]

형용사와 부사 형태가 같은 단어 정리			
단어	형용사 뜻	부사 뜻	'ly'가 붙어 전혀 다른 뜻이 되는 경우
close	가까운	가까이에	closely: 면밀히
early	이른	일찍	
enough	충분한	충분히	
far	먼	멀리	
fast	빠른	빠르게	
hard	어려운, 단단한	열심히	hardly: 거의 ~ 않다 (준부정어)
high	높은	높게	highly: 매우
just	올바른	방금	justly: 공정하게
late	늦은	늦게	lately: 최근에
long	긴	오래	
low	낮은	낮게	
much	많은	많이	
near	가까운	가까이에	nearly: 거의

형용사 + ly

'형용사 + ly' = '부사'

[주의사항]

'형용사 + ly'가 다른 뜻이 되는 단어 정리	
hardly	거의 ~않다
highly	매우
lately	최근에
mostly	주로
nearly	거의
shortly	곧

[시험문법]

형용사에 'ly' 붙이는 용법 정리

일반적으로는 ly를 붙이나 아래와 같은 예외가 있음

1. y + ly: ily

   예 easy – easily

2. le + ly: ly

   예 possible - possibly

   (예외) whole - wholly

형용사 후치수식

~one, ~body, ~thing으로 끝나는 명사는 형용사가 뒤에서 수식해야 함

화법

누군가가 한 말을 화자가 청자에게 전달하는 방법 (화법 전환 참조)

직접화법 / 간접화법 비교		
	직접화법	간접화법
정의	누군가가 한 말을 **그대로** 반복해서 **전달**하는 것	누군가가 한 말을 **보고하는 형식**으로 **전달**하는 것
예문	He said to me, "I am hungry".	He told me that he was hungry.

화법 전환

1. 정의

직접화법을 간접화법으로 또는 간접화법을 직접화법으로 바꾸는 것

(직접화법을 간접화법으로 바꾸는 것이 주로 시험에 출제)

2. 기본형

평서문 화법 전환, **의문문** 화법 전환, **명령문** 화법 전환

3. 용법

1) 평서문의 화법 전환

(1) 직접화법 → 간접화법(화법 전환 규칙: 동주동시부)

화법 전환 규칙 (동주동시부)	전환 내용	
	직접화법	간접화법
① 주절의 **동사**	**say**	→ say
	say to + 사람	→ tell + 사람
② 종속절의 **주어**	**상황**에 맞게	
③ 종속절 **동사**의 **시제**	주절의 **시제**에 따라	

	전환 내용	
④ 부사	this	→ that
	here	→ there
	now	→ then, at the time
	today	→ that day
	tomorrow	→ the day after = the following day 　　　 = the next day
	yesterday	→ the day before = the previous day
	next~	→ the following~
	last~	→ the previous~
	~ago	→ ~before

(예시)

화법	화법 전환 규칙(동주동시부)에 따른 전환
직접화법	He said to me, "I am hungry now."
간접화법	He ① told me that ② he ③ was hungry ④ at the time.

(2) 간접화법 → 직접화법(화법 전환 규칙: 동주동시부)

　위 1)-(1)과 반대로 전환

(예시)

화법	화법 전환 규칙(동주동시부)에 따른 전환
간접화법	He told me that he was hungry at the time.
직접화법	He ① said to me, "② I ③ am hungry ④ now."

2) 의문문의 화법 전환

(1) 직접화법 → 간접화법(화법 전환 규칙: 동주동시부)

화법 전환 규칙 (동주동시부)	전환 내용	
	직접화법	간접화법
① 주절의 동사	ask	→ ask, wonder, inquire 등
② 종속절의 주어	상황에 맞게	
③ 종속절 동사의 시제	주절의 시제에 따라	

	this	→ that
	here	→ there
	now	→ then, at the time
	today	→ that day
④ 부사	tomorrow	→ the day after = the following day = the next day
	yesterday	→ the day before = the previous day
	next~	→ the following~
	last~	→ the previous~
	~ago	→ ~before

① 의문사가 있는 경우

　a. 기본: '동주동시부' 규칙을 따름

　b. 어순: '의문사 + 주어 + 동사'로 바꿈

(예시)

화법	화법 전환 규칙(동주동시부)에 따른 전환
직접화법	He **asked** me, "What **are you** doing **now**?"
간접화법	He ① **asked** me what ② I ③ **was** doing ④ **at the time**.

② 의문사가 없는 경우

　a. 기본: '동주동시부' 규칙을 따름

　b. 어순: '접속사 + 주어 + 동사'로 바꿈

　c. 접속사: if나 whether 사용

(예시)

화법	화법 전환 규칙(동주동시부)에 따른 전환
직접화법	He **asked** me, "**Are you** ok **now**?"
간접화법	He ① **asked** me if ② I ③ **was** ok ④ **at the time**.

(2) **간접화법 → 직접화법** (화법 전환 규칙: 동주동시부)

　옆의 2)-⑴과 반대로 전환

(예시) **의문사가 있는 경우**

화법	화법 전환 규칙(동주동시부)에 따른 전환
간접화법	He **asked** me what **I was** doing **at the time**.
직접화법	He ① **asked** me, "What ③ **are** ② **you** doing ④ **now**?"

(예시) **의문사가 없는 경우**

화법	화법 전환 규칙(동주동시부)에 따른 전환
간접화법	He **asked** me **if I was** ok **at the time**.
직접화법	He ① **asked** me, "③ **Are** ② **you** ok ④ **now**?"

3) 명령문의 화법 전환

(1) 직접화법 → 간접화법 (화법 전환 규칙: 동주동시부)

화법 전환 규칙 (동주동시부)	전환 내용	
	직접화법	간접화법
① 주절의 **동사**	say / say to + 사람	→ advise, ask, order, tell 등
② 종속절의 **주어**	**상황**에 맞게	
③ 종속절 **동사**의 **시제**	**주절**의 **시제**에 따라	
④ **부사**	this	→ that
	here	→ there
	now	→ then, at the time
	today	→ that day
	tomorrow	→ the day after = the following day = the next day
	yesterday	→ the day before = the previous day
	next~	→ the following~
	last~	→ the previous~
	~ago	→ ~before

① **let's가 없는 경우**

  a. **기본**: '동주동시부' 규칙을 따름

b. 직접화법에서 간접화법으로 전환 시 to부정사를 활용

(예시)

화법	화법 전환 규칙(동주동시부)에 따른 전환
직접화법	I **said to** them, "**Be** quiet **now**."
간접화법	I ① **asked** them ③ **to be** quiet ④ **at the time**.

② let's가 있는 경우

  a. **기본**: '동주동시부' 규칙을 따름

  b. **직접화법에서 간접화법으로 전환 시 전달동사로 suggest**

  c. **'Let me'로 시작하는 경우는, 전달동사로 suggest 대신 offer를 씀**

(예시)

화법	화법 전환 규칙(동주동시부)에 따른 전환
직접화법	I **said**, "**Let's** be quiet **now**."
간접화법	I ① **suggested** that ② **we** ③ **should be** quiet ④ **at the time**.

※ (should는 생략 가능: 'should 특별용법 1' 참조)

⑵ **간접화법 → 직접화법** (화법 전환 규칙: 동주동시부)

옆의 3)-⑴과 반대로 전환

(예시) **let's가 없는 경우**

화법	화법 전환 규칙(동주동시부)에 따른 전환
간접화법	I **asked** them **to be** quiet **at the time**.
직접화법	I ① **said to** them, "③ **Be** quiet ④ **now**."

(예시) **let's가 있는 경우**

화법	화법 전환 규칙(동주동시부)에 따른 전환
간접화법	I **suggested** that we **should be** quiet **at the time**.
직접화법	I ① **said**, "③ **Let's** be quiet ④ **now**."

[시험문법]

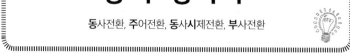

영만사 암기법

화법 전환 규칙: 동주동시부

동·주·동시·부

동사전환, 주어전환, 동사시제전환, 부사전환

후치수식

1. '뒤에서 꾸며준다'는 의미

2. 형용사후치수식(~one, ~body, ~thing은 형용사가 뒤에서 수식해야 함)

3. 현분후치수식

    1) 현재분사가 **명사**를 **후치수식**(뒤에서 꾸며주는)하는 경우

    2) 앞의 명사와 현재분사 사이에 **'주격관계대명사 + be동사'**가 **생략**된 것으로 봄

        예문 There is a boy walking with his dog.

        There is a boy (**who is**) walking with his dog.

4. 과분후치수식

    1) 과거분사가 **명사**를 **후치수식**(뒤에서 꾸며주는)하는 경우

    2) 앞의 명사와 과거분사 사이에 **'주격관계대명사 + be동사'**가 **생략**된 것으로 봄

        예문 I found a letter written in English.

        I found a letter (**which was**) written in English.

PART 5

표 모음

<영어발음 기호표> 국제음성학회(International Phonetic Association)

발음기호	소리	기호	발음기호	소리	기호
[a]	아	ㅏ	[b]	브	ㅂ
[e]	에	ㅔ	[d]	드	ㄷ
[i]	이	ㅣ	[j]	이	ㅣ
[o]	오	ㅗ	[l]	러	ㄹ
[u]	우	ㅜ	[m]	므	ㅁ
[w]	우	ㅜ	[n]	느	ㄴ
[ʌ]	어	ㅓ	[r]	르	ㄹ
[ɔ]	오	ㅗ	[v]	브	ㅂ
[ɛ]	에	ㅔ	[z]	즈	ㅈ
[æ]	애	ㅐ	[ʒ]	쥐	ㅈ
[ɑ:]	아-		[dʒ]	쥐	주
[ə:]	어-		[dʒa]	주ㅏ	
[i:]	이-		[ʒ]	지	ㅈ
[u:]	우-		[tz]	쯔	ㅉ
[ɔ:]	오-		[ð]	뜨	ㄸ
[ai]	아이		[h]	흐	ㅎ
[ei]	에이		[g]	그	ㄱ
[ɔi]	오이		[ŋ]	응	ㅇ
[au]	아우		[f]	프	ㅍ
[ou]	오우		[k]	크	ㅋ
[iə]	이어		[p]	퍼	ㅍ
[uə]	우어		[s]	스	ㅅ
[ɛə]	에어		[t]	트	ㅌ
[eə]	에어		[ʃ]	쉬	수
[wa]	와		[tʃ]	취	추
[wɔ]	워		[tʃa]	추ㅏ	
[ju]	유		[θ]	쓰	ㅆ

318

<영만사 숫자표> (위: 기수, 아래: 서수)

1 1st	one first	**11** 11th	eleven eleventh	**21** 21st	twenty one twenty first
2 2nd	two second	**12** 12th	twelve twelfth	**22** 22nd	twenty two twenty second
3 3rd	three third	**13** 13th	thirteen thirteenth	**23** 23rd	twenty three twenty third
4 4th	four fourth	**14** 14th	fourteen fourteenth	**24** 24th	twenty four twenty fourth
5 5th	five fifth	**15** 15th	fifteen fifteenth	**25** 25th	twenty five twenty fifth
6 6th	six sixth	**16** 16th	sixteen sixteenth	**26** 26th	twenty six twenty sixth
7 7th	seven seventh	**17** 17th	seventeen seventeenth	**27** 27th	twenty seven twenty seventh
8 8th	eight eighth	**18** 18th	eighteen eighteenth	**28** 28th	twenty eight twenty eighth
9 9th	nine ninth	**19** 19th	nineteen nineteenth	**29** 29th	twenty nine twenty ninth
10 10th	ten tenth	**20** 20th	twenty twentieth	**30** 30th	thirty thirtieth

40 40th	forty fortieth
50 50th	fifty fiftieth
60 60th	sixty sixtieth
70 70th	seventy seventieth
80 80th	eighty eightieth
90 90th	ninety ninetieth
100 100th	one hundred one hundredth
1,000 1,000th	one thousand one thousandth
1,000,000 1,000,000th	one million one millionth
1,000,000,000 1,000,000,000th	one billion one billionth

777
seven hundred (and) seventy seven

7,777
seven thousand seven hundred (and) seventy seven

777,777
seven hundred (and) seventy seven thousand
seven hundred (and) seventy seven

hundred	백
thousand 10^3	천
million 10^6	백만
billion 10^9	십억
trillion 10^{12}	일조
quadrillion 10^{15}	천조
quintillion 10^{18}	백경
sextillion 10^{21}	십해
septillion 20^{24}	일자

<주요국가 화폐 단위 및 통화코드> 가나다순

	국가명 공식 국가명	화폐단위 통화코드		국가명 공식 국가명	화폐단위 통화코드
1	남아프리카 공화국 Republic of South Africa	Rand ZAR	2	노르웨이 the Kingdom of Norway	Krone NOK
3	뉴질랜드 New Zealand	Dollar NZD	4	대만 Taiwan	Dollar TWD
5	덴마크 the Kingdom of Denmark	Krone DKK	6	러시아 Russia	Ruble RUB
7	말레이시아 the Federation of Malaysia	Ringgit MYR	8	멕시코 United Mexican States	Peso MXN
9	미국 the United States (of America)	Dollar USD	10	바레인 the State of Bahrain	Dinar BHD
11	방글라데시 the People's Republic of Bangladesh	Taka BDT	12	베트남 the Socialist Republic of Vietnam	Dong VND
13	브라질 the Federative Republic of Brazil	Real BRL	14	브루나이 Brunei	Dollar BND
15	사우디아라비아 the Kingdom of Saudi Arabia	Riyal SAR	16	스위스 the Swiss Confederation	Franc CHF
17	싱가포르 the Republic of Singapore	Dollar SGD	18	아랍에미리트 United Arab Emirates	Dirham AED
19	영국 the United Kingdom	Pound GBP	20	유럽연합 European Union	Euro EUR
21	이집트 the Arab Republic of Egypt	Pound EGP	22	인도 India	Rupee INR
23	인도네시아 the Republic of Indonesia	Rupiah IDR	24	일본 Japan	Yen JPY
25	중국 the people's Republic of China	Yuan CNY	26	캐나다 Canada	Dollar CAD
27	쿠웨이트 the State of Kuwait	Dinar KWD	28	태국 the Kingdom of Thailand	Baht THB
29	터키 the Turkish Republic	Lira TRY	30	파키스탄 the Islamic Republic of Pakistan	Rupee PKR
31	필리핀 the Republic of the Philippines	Peso PHP	32	헝가리 Hungary	Forint HUF
33	호주 Australia	Dollar AUD	34	홍콩 Hong Kong Sar	Dollar HKD

PART 6

불규칙
동사표

<시험에 자주 출제되는 불규칙 동사 정리>

동사원형	과거형	과거분사형	동사원형	과거형	과거분사형
arise 일어나다	arose	arisen	awake 깨우다	awoke	awoken
am, is / are ~이다, 있다	was / were	been	beat 치다	beat	beaten
become 되다	became	become	begin 시작하다	began	begun
bend 구부리다	bent	bent	bet 내기하다	bet	bet
bite 물다	bit	bitten	bleed 피를 흘리다	bled	bled
blow 불다	blew	blown	break 깨다	broke	broken
bring 가져오다	brought	brought	build 건설하다	built	built
burn 타다	burnt	burnt	burst 터지다	burst	burst
buy 사다	bought	bought	cast 던지다	cast	cast
catch 잡다	caught	caught	choose 선택하다	chose	chosen
cling 달라붙다	clung	clung	come 오다	came	come
cost 비용이 들다	cost	cost	creep 기다	crept	crept
cut 자르다	cut	cut	deal 다루다	dealt	dealt
dig 파다	dug	dug	dive 잠수하다	dove	dived
do 하다	did	done	draw 그리다	drew	drawn
drink 마시다	drank	drunk	drive 운전하다	drove	driven
eat 먹다	ate	eaten	fall 떨어지다	fell	fallen
feed 먹이다	fed	fed	feel 느끼다	felt	felt
fight 싸우다	fought	fought	find 발견하다	found	found
fit 꼭 맞다	fit	fit	flee 도망가다	fled	fled
fly 날다	flew	flown	forbid 금하다	forbade	forbidden
forget 잊다	forgot	forgot/ forgotten	forgive 용서하다	forgave	forgiven
freeze 얼다	froze	frozen	get 얻다	got	got / gotten
give 주다	gave	given	go 가다	went	gone
grind 갈다	ground	ground	grow 자라다	grew	grown
hang 걸다	hung	hung	have 가지다	had	had
hear 듣다	heard	heard	hide 숨기다	hid	hidden
hit 치다	hit	hit	hold 잡다	held	held
hurt 다치게 하다	hurt	hurt	keep 유지하다	kept	kept
kneel 무릎 꿇다	knelt	knelt	know 알다	knew	known

lay 놓다	laid	laid	**lead** 이끌다	led	led
leap 뛰다	leapt	leapt	**leave** 떠나다	left	left
lend 빌려주다	lent	lent	**let** 시키다	let	let
lie 눕다	lay	lain	**light** 비추다	lit	lit
lose 지다	lost	lost	**make** 만들다	made	made
mean 의미하다	meant	meant	**meet** 만나다	met	met
pay 지불하다	paid	paid	**prove** 증명하다	proved	proven
put 놓다	put	put	**quit** 그만두다	quit	quit
read 읽다	read	read	**ride** 타다	rode	ridden
ring 울리다	rang	rung	**rise** 일어나다	rose	risen
run 달리다	ran	run	**say** 말하다	said	said
see 보다	saw	seen	**seek** 찾다	sought	sought
sell 팔다	sold	sold	**send** 보내다	sent	sent
set 정하다, 배치하다	set	set	**sew** 꿰매다	sewed	sewn
shake 흔들다	shook	shaken	**shave** 면도하다	shaved	shaven
shine 빛나다	shone	shone	**shoot** 쏘다	shot	shot
show 보여주다	showed	shown	**shrink** 움츠러들다	shrank / shrunk	shrunk / shrunken
shut 닫다	shut	shut	**sing** 노래하다	sang	sung
sink 가라앉다	sank	sunk	**sit** 앉다	sat	sat
sleep 자다	slept	slept	**slide** 미끄러지다	slid	slid
speak 말하다	spoke	spoken	**speed** 속력을 내다	sped	sped
spell 철자를 쓰다	spelt	spelt	**spend** 쓰다, 소비하다	spent	spent
spill 엎지르다	spilt	spilt	**spin** 돌리다	spun	spun
spit 침을 뱉다	spit / spat	spit / spat	**split** 쪼개다	split	split
spread 펴다, 퍼지다	spread	spread	**spring** 튀어 오르다	sprang	sprung
stand 서다, 서있다	stood	stood	**steal** 훔치다	stole	stolen
stick 달라붙다	stuck	stuck	**sting** 찌르다	stung	stung
strike 치다	struck	stuck	**swear** 맹세하다	swore	sworn
sweep 쓸다, 청소하다	swept	swept	**swim** 수영하다	swam	swum
swing 휘두르다	swung	swung	**take** 취하다	took	taken

동사원형	과거형	과거분사형	동사원형	과거형	과거분사형
teach 가르치다	taught	taught	tear 찢다	tore	torn
tell 말하다	told	told	think 생각하다	thought	thought
throw 던지다	threw	thrown	upset 뒤엎다	upset	upset
wake 잠에서 깨다	woke	woken	wear 입다	wore	worn
weave 엮다	wove	woven	weep 울다	wept	wept
win 이기다	won	won	wind 감다	wound	wound
write 쓰다	wrote	written			

PART 7

『99단 영문법』
요약본

1. 기초 영문법

1) 8품사(명·동·부·대·감·형·접·전): 단어를 기능, 형태, 의미에 따라 나눈 것

종류	쓰임	예
명사(집·보·고·물·추)	사람, 사물, 장소 등의 이름	car, pen, Duwon
동사(be동사, 조동사, 일반동사)	'~다'로 끝남	look, listen, speak
부사	동사, 형용사, 부사 수식	very, hard,
대명사	명사를 대신	I, you, he, she, they
감탄사	감탄을 표현	Wow, Oops, Oh
형용사	명사를 수식	beautiful, good, nice
접속사	단어/문장들을 연결	and, but, or
전치사	명사 앞에 옴	at, on, in

2) 문장의 구성요소: 문장을 구성하는 요소들을 4가지로 구분한 것

종류	쓰임	가능한 품사
주어	동작이나 상태의 주체가 되는 것	명사, 대명사
동사	동작이나 상태를 나타내는 것	동사
목적어	동작의 대상을 나타내는 것	명사, 대명사
보어	주어/목적어를 보충설명 해주는 것	명사, 형용사

3) 문장의 형태와 동사의 종류

(1) 동사의 종류: 동사를 목적어/보어 유무에 따라 5가지로 구분한 것

동사의 종류		보어 유무
자동사 (목적어 **X**)	완전자동사	X
	불완전자동사	○
타동사 (목적어 ○)	완전타동사	X
	수여동사	X
	불완전타동사	○

(2) **문장의 형태**: 문장을 5가지 형태로 구분한 것

문장의 형태	기본형	약어 표기
1형식	주어 + 완전자동사	S + V
2형식	주어 + 불완전자동사 + 보어	S + V + C
3형식	주어 + 완전타동사 + 목적어	S + V + O
4형식	주어 + 수여동사 + 간목 + 직목	S + V + IO + DO
5형식	주어 + 불완전타동사 + 목적어 + 목적격보어	S + V + O + OC

4) **문장의 종류(평·의·명·감·기)**: 평서문, 의문문, 명령문, 감탄문, 기원문

(1) **평서문**: 어떤 사실을 그대로 서술한 문장

예문 I am a student.

(2) **의문문**: 질문하는 문장

예문 Are you a student?

(3) **명령문**: 명령/부탁 등을 표현한 문장

예문 Speak more loudly.

(4) **감탄문**: 놀람/기쁨 등의 강한 감정을 표현한 문장

예문 What a wise boy you are!

(5) **기원문**: 소원/기원 등을 표현한 문장

예문 God bless you!

5) **구 / 절**

(1) **구**: 2개 이상의 단어가 모여 어떤 품사의 역할을 하지만, (주어 + 동사)의 **완벽한 문장이 아닌 것**

예 명사구/형용사구/부사구

(2) **절**: 2개 이상의 단어가 모여 문장의 일부를 구성하면서 그 자체가 (주어 + 동사)의 **완벽한 문장인 것**

예 명사절/형용사절/부사절

2. 『99단 영문법』 – '가·관·분·투·수·현'에서 '가정법'

1) 정의

사실을 있는 그대로 말하는 것이 아니라, '만약 ~라면(였다면) ~할(했을) 텐데'와 같이 가정해서 표현하는 것

2) 기본형

종류	기본형
가정법 현재	If + 주어 + 현재동사, 주어 + will/can
가정법 과거 (과주우)	If + 주어 + 과거동사, 주어 + would(우)/could/might
가정법 과거완료 (해드과주우)	If + 주어 + had + 과거분사, 주어 + would(우)/could/might + have + 과거분사

3) 용법

▶ 가정법 현재: 미래에 대한 이야기

▶ 가정법 과거: 현재에 대한 이야기

▶ 가정법 과거완료: 과거에 대한 이야기

기타: 'I wish' 가정법, 'as if/though' 가정법, 'But for' 가정법, 'Without' 가정법

[주의사항!]

(1) **가정법 과거**에서 **If절의 동사**가 be동사일 경우: 항상 **were**

(2) If절에 **were to**가 들어가면: 불가능한 미래, **주절의 조동사는 과거형**

(3) If절에 **should**가 들어가면: 가능성 거의 없는 현재나 미래

(4) If의 생략: **동사를 맨 앞에 위치시킨다**

기억의 끈 ①

과·주·우, 해드·과·주

❖ 필수암기예문

A. 가정법 현재 – 미래에 대한 이야기

If it **snows** tomorrow, I **will** not go out.

만약 내일 눈이 온다면, 나는 밖에 나가지 않을 것이다.

B. 가정법 과거(과주우) – 현재에 대한 이야기

If I **were** a bird, I **could** fly to you.

= As I am not a bird, I can't fly to you.

만약 내가 새라면, 너에게 날아갈 수 있을 텐데.

C. 가정법 과거완료(해드과주우) – 과거에 대한 이야기

If you **had worked** harder, you **would have succeeded**.

= As you did not work harder, you did not succeed.

네가 더 열심히 일했었다면, 성공했었을 텐데.

D. if절에 'were to'가 있는 가정법: 실현 불가능한 미래에 대한 가정

If the sun **were to** rise in the west, I **would** do it.

해가 서쪽에서 뜨더라도, 난 그것을 할 것이다. (해가 서쪽에서 뜨는 것은 불가능)

E. if절에 should가 있는 가정법: 가능성이 거의 없는 경우에 대한 가정

If it **should** snow today, I will not go out.

오늘 눈이 온다면, 나가지 않을 것이다. (눈 올 가능성이 거의 없음)

F. if 생략

If I were rich, I would buy the car.

(if 생략) → **Were** I rich, I would buy the car.

내가 만약 부자라면, 그 차를 살텐데.

3. 『99단 영문법』 - '가·관·분·투·수·현'에서 '관계대명사'

1) 정의

두 문장이 있을 때, 앞 문장에 나오는 명사를 대신해 주는 **대명사 역할**과 뒷 문장을 그 명사에 결합시켜 주는 **접속사 역할**을 하는 것. 이때 관계대명사가 이끄는 절의 수식을 받는 명사/대명사를 **선행사**라고 한다.

(간단 버전: 두 문장을 한 문장으로 만들 때 쓰는 것)

2) 기본형(후훔후즈, 휘치휘치후즈)

선행사 〳 격	주격	목적격	소유격
사람	who	who(m)	whose
사물, 동물	which	which	whose(of which)
사람, 사물, 동물	that	that	-
사물(선행사 포함)	what	what	-

기타: 복합 관계대명사(-ever), 유사 관계대명사(as, but, than)

3) 용법

▶ **that 특별용법**

① 선행사에 <올·에·애·노·세·온·베·씽> - all, every, any, no, same, only, very, ~thing이 들어있는 경우

② 선행사가 (사람 + 사물) 또는 (사람 + 동물)인 경우

③ 선행사가 최상급 또는 서수사로 수식되는 경우는 **꼭 that을 써야 함**

▶ **(주격 관계대명사 + be동사) 또는 목적격 관계대명사는 생략 가능**

[주의사항!]

⑴ **목적격 관계대명사**라도 앞에 전치사가 오면 생략 불가능

⑵ 관계대명사 **that** 앞에는 전치사를 둘 수 없고, 계속적 용법으로 사용할 수 없다.

⑶ 관계대명사 **what**은 'the thing which'로 바꿀 수 있고, **선행사를 포함**하므로 앞에 선행사가 없다.

> 예 I know what you want.

⑷ '**전치사 + 관계대명사**'는 관계부사로 바꾸어 쓸 수 있다.

기억의 끈 ②

올·에·애·노·세·온·베·씽

❖ 필수암기예문

A. 주격 관계대명사 - 관계대명사를 가렸을 때, 뒤에 주어가 없음

This is **the car**.	이것이 그 차다.
This was made in Korea.	이것은 한국에서 만들어졌다.
→ This is the car (**which** was) made in Korea.	이것이 한국에서 만들어진 차다.

B. 목적격 관계대명사 - 관계대명사를 가렸을 때, 뒤에 목적어가 없음

The bird is alive.	그 새는 살아있다.
I caught **it** today.	내가 오늘 그 새를 잡았다.
→ The bird (**which**) I caught today is alive.	내가 오늘 잡은 그 새는 살아있다.

C. 소유격 관계대명사

I know **the boy**.	나는 그 소년을 안다.
His brother lives in Italy.	그의 형은 이탈리아에 산다.

→ I know the boy, **whose** brother lives in Italy.

나는 이탈리아에 형이 살고 있는 그 소년을 안다. (계속적 용법)

D. 전치사 + 관계대명사 - 관계부사로 바꾸어 쓸 수 있음

I know **the house**.	나는 그 집을 안다.
He lives in **the house**.	그가 그 집에 산다.

→ ① I know the house (**which**) he lives **in**.　　나는 그가 사는 집을 안다.

→ ② I know the house **in which** he lives. (**생략 불가능**)

→ ③ I know the house **where** he lives. (**전치사 + 관계대명사 → 관계부사**)

4. 『99단 영문법』 – '가·관·분·투·수·현'에서 '분사구문'

1) 정의

[접속사 + 주어 + 동사] 형태의 종속절 분사를 사용하여 부사구로 표현한 것

(간단 버전: 절을 구로 만든 것)

2) 기본형

▶ 동사 + ing

3) 용법

(1) 종류

<분·때·원·조·양·부> – 때, 원인, 조건, 양보, 부대상황(기본 뜻: 'and')

(2) 만드는 순서

① 종속절의 **접속사 생략** 또는 남김

② 종속절의 주어가 주절의 주어와 같은 경우는 **주어 생략**, 다른 경우는 주어 남김

③ 종속절과 주절 시제가 같은 경우는 **동사원형에 'ing'**, 주절보다 앞선 경우 having + 과거분사

[주의사항!]

(1) **수동형 분사구문**: 보통 맨 앞의 Being이나 Having been이 생략됨

(2) **부정**: 분사 바로 앞에 not, never 등의 부정어를 씀

기억의 끈 ③

때·원·조·양·부

❖ 필수암기예문

A. 때: ~할 때

When you saw him, he ran away.

→ **You seeing** him, he ran away. (종속절의 주어와 주절의 '**주어가 다른 경우**')

네가 그를 보았을 때, 그는 도망갔다.

B. 원인: ~때문에

As I was tired, I could not go out.

→ **(Being)** tired, I could not go out. (Being이 생략될 경우, '**수동형 분사구문**')

나는 피곤했기 때문에, 밖에 나갈 수 없었다.

C. 조건: 만약 ~하면

If you turn right, you will find the shop.

→ **Turning** right, you will find the shop.

오른쪽으로 돌면, 그 가게를 찾을 수 있을 것이다.

D. 양보: 비록 ~일지라도

Though you were short, you are tall now.

→ **Having been** short, you are tall now. (종속절의 시제가 '**주절의 시제보다 앞선 경우**')

비록 너는 작았지만, 지금은 키가 크다.

E. 부대상황: ~하면서

As I listen to music, I study.

→ **Listening** to music, I study.

나는 음악을 들으면서 공부한다.

5. 『99단 영문법』 - '가·관·분·투·수·현'에서 '투부정사'

1) 정의

to 뒤에 **동사의 원형**을 써서, 명사/형용사/부사가 되는 것

2) 기본형

▶ to + 동사원형

3) 용법

⑴ 종류

① 명사적 용법(해석: ~하는 것)

② 형용사적 용법(해석: ~한, ~하기 위한)

③ 부사적 용법: 〈투목·결·감·이·조〉 - 목적, 결과, 감정의 원인, 이유, 조건

▶ be to 용법: 형용사적 용법 중 하나로 〈예·의·가·운·의〉 - 예정, 의무, 가능, 운명, 의도

▶ too + 형용사 + to 용법: '너무 ~해서, ~할 수 없다'라는 뜻으로, 〈so + 형 + that + 주어 + can't〉(소형댓주캔트)로 바꾸어 쓸 수 있다.

▶ enough to 용법: '~하기에 충분하다'라는 뜻으로, 〈so + 형 + that + 주어 + can〉(소형댓주캔)으로 바꾸어 쓸 수 있다.

▶ 의미상의 주어: to부정사의 주체가 문장의 주어와 다른 경우 to부정사 앞에 for + 목적격

[주의사항!]

⑴ 부정: to 바로 앞에 not을 쓴다.

⑵ of를 의미상의 주어 앞에 써야 하는 경우: **사람의 성격을 나타내는 형용사 뒤**

예 kind, nice, honest, wise, careful, rude, stupid, foolish, selfish 등

기억의 끈 ④

목·결·감·이·조

❖ 필수암기예문

A. 명사적 용법: 주어/목적어/보어

To go shopping is my hobby. (주어)　　　쇼핑가는 것이 내 취미이다.

I want **to be** a doctor. (목적어)　　　나는 의사가 되고 싶다.

My hobby is **to go** shopping. (보어)　　　내 취미는 쇼핑가는 것이다.

B. 형용사적 용법: 명사/대명사 수식

I have some friends **to help** me.　　　나는 나를 도와줄 몇 명의 친구가 있다.

C. 부사적 용법: <목·결·감·이·조> - **목**적, **결**과, **감**정의 원인, **이**유, **조**건

I saved money **to buy** a new smartphone.　　나는 새 스마트폰을 사기 위해 돈을 모았다.

　(**목적**): ~하기 위해서

He grew up **to be** a doctor. (**결과**)　　　그는 자라서 의사가 되었다.

I am happy **to hear** that. (**감정의 원인**)　　그것을 들어서 기쁘다.

You must be humble **to say** so. (**이유**)　　그렇게 말하는 걸 보니 넌 겸손함에 틀림없어.

I will be happy **to pass** the exam. (**조건**)　　내가 그 시험을 통과한다면, 난 행복할 것이다.

D. **to부정사**의 **의미상의 주어**

This is the smartphone **for me** to buy.　　이것이 내가 살 스마트폰이다.

It is so kind **of him** to help me.　　그가 나를 도와주는 것은 친절한 행동이다.

6. 『99단 영문법』 - '가·관·분·투·수·현'에서 '수동태'

1) 정의

'주어가 ~에 의해 ~당하다'와 같이 주어가 동작을 당하는 형태

(간단 버전: 주어와 목적어의 위치를 바꾼 것)

2) 기본형

▶ be + p.p + by + 목적격

3) 용법

⑴ 만드는 법

① 목적어를 주격으로 바꾼 후, 맨 앞으로 이동

② 동사를 be + p.p 형태로 바꿈

③ 주어를 목적격으로 바꾼 후, by를 앞에 붙여 맨 뒤로 이동

⑵ 4형식 수동태

직접목적어 또는 간접목적어를 주어로 하는 **2가지 형태**의 수동태가 가능하고, 직접목적어를 주어로 하는 경우는 간접목적어 앞에 to를 쓰고 이는 생략 가능하다.

① **직접목적어만 주어로 가능 동사** - 〈빌·바·츄·매·패·리·싱·롸, 겟·센·셀〉

　예 build, buy, choose, make, pass, read, sing, write, get, send, sell

② 간접목적어 앞에 to 대신 **for**를 쓰는 동사 - 〈매·츄·바·두·파·쿡·빌〉

　예 make, choose, buy, do, find, cook, build

③ 간접목적어 앞에 to 대신 **of**를 쓰는 동사 - 〈인·애·리·벡〉

　예 inquire, ask, require, beg

[주의사항!]

지각동사/사역동사의 수동태

① 목적격 보어로 쓰인 동사원형이 **to부정사**로 바뀐다.

② 사역동사 중 **make**만 수동태로 바꿀 수 있다.

기억의 끈 ⑤

빌·바·츄·매·패·리·싱·롸, 겟·센·셀

❖ 필수암기예문

A. 수동태 기본형(3형식)

I **opened** the door.   나는 그 문을 열었다.

→ The door **was opened** by me.   그 문은 나에 의해 열려졌다.

B. 4형식의 수동태

I **gave** you the pen.   내가 너에게 그 펜을 주었다.

→ The pen **was given** (**to**) you by me.   그 펜은 나에 의해 너에게 주어졌다.

(직접목적어가 주어)

→ You **were given** the pen by me.   너는 나에 의해 그 펜이 주어졌다.

(간접목적어가 주어)

C. 5형식의 수동태

I **called** him spiderman.   나는 그를 스파이더맨이라고 불렀다.

→ He **was called** spiderman by me.   그는 나에 의해 스파이더맨이라고 불려졌다.

D. 지각동사/사역동사의 수동태

I **saw** him enter the house.   나는 그가 그 집으로 들어가는 것을 보았다.

→ He **was seen to** enter the house by me.   그가 그 집으로 들어가는 것이 나에 의해 보여졌다.

I **made** him smile.   나는 그를 웃게 만들었다.

→ He **was made to** smile by me.   그는 나에 의해 웃게 되었다.

7. 『99단 영문법』 - '가·관·분·투·수·현'에서 '현재완료'

1) 정의

과거의 어느 때 시작해서 현재까지 이어지는 동작/상태를 나타내는 것으로 시간의 덩어리

2) 기본형

▶ have + p.p

3) 용법

(1) 종류

〈계·경·완·결〉 - 계속, 경험, 완료, 결과

(2) 현재완료에 자주 등장하는 단어

① 계속 (계신포): since, for

② 경험 (경비원 네에): before, once, never, ever

③ 완료 (완저나올옛): just, now, already, yet

[주의사항!]

(1) 현재완료와 같이 쓸 수 없는 단어 - <예·어·라·웬·저스트나우>

예 yesterday, ago, last, when, just now

기타 과거의 구체적 시점과 관련된 단어

(2) have been to / have gone to

have been to: ~에 다녀 왔다 (경험)

have gone to: ~에 갔다(가서 안 왔다) (결과) - 3인칭에만 사용 가능

기억의 끈 ⑥

계·경·완·결

❖ 필수암기예문

A. **계속**의 현재완료(지금까지 계속 ~ 해오고 있다)

I **have been** sick since yesterday.   나는 어제 이후로 계속 아프다.

→ I was sick yesterday, and I am still sick.   나는 어제 아팠다. 그리고 지금도 여전히 아프다.

B. **경험**의 현재완료(과거에 ~해 본 적이 있다)

I **have** not **visited** Japan before.   나는 일본을 방문해 본 적이 없다.

C. **완료**의 현재완료(방금~을 끝냈다)

I **have** just **finished** my work.   나는 방금 일을 끝냈다.

D. **결과**의 현재완료(~한 결과 현재~하다)

I **have bought** the pen.   나는 그 펜을 샀다.

→ I bought the pen, and I still have it.   나는 그 펜을 샀다. 그리고 잃어버리지 않고 현재도 소유하고 있다.

[주의!]

I bought the pen.   나는 그 펜을 샀다. (하지만, 지금도 소유하고 있는지 아닌지는 불분명)

E. **have been to / have gone to**

I **have been to** Japan.   나는 일본에 가본 적이 있다.

He **has gone to** Japan.   그는 일본에 갔다. (가서 안 돌아왔다)

8. 단순 영문법 - '관·동·형·부·명'

1) **관사**(부정관사 a/an, 정관사 the) **용법**

   (1) **부정관사 a/an**

   〈막·분·같·마·어·대〉 - 막연한 하나, 분명한 하나, 같은, 마다, 어떤, 대표단수

   (2) **정관사 the**

   〈최·서·유·대·신·단·악, 강·철·맥·바·도·관〉 - 최상급, 서수, 유일, 대표, 신체 일부,

   단위 셀 때, 악기, 강, 철도, 산맥, 바다, 도로, 관공서

   (3) **관사 쓰지 않는 경우**

   〈신·식·가·운·과·바수·장본〉 - 신분, 식사, 가족, 운동, 과목, by + 수단, 장소 본래 목적

2) **동사어형변화**(과거형 / 현재분사형 / 3인칭단수현재형) **용법**

   (1) **과거형**: 일반적으로는 **ed**를 붙이나 아래와 같은 예외를 갖는다.

   ① **자와**: (자음 + y)로 끝나면, y를 i로 고치고 ed

   예 study - studied

   ② **단모단자일**: (단모음 + 단자음)으로 끝나는 1음절 동사. 자음 하나 더 쓰고 ed

   예 stop - stopped

   ③ **강모단자이**: (강세 있는 모음 + 단자음)으로 끝나는 2음절 동사. 자음 하나 더 쓰고 ed

   예 prefer - preferred

   ④ **c**: k 붙이고 ed

   예 picnic - picnicked

   (2) **현재분사형**: 일반적으로는 **ing**를 붙이나 아래와 같은 예외를 갖는다.

   ① **기본적으로는 동사의 과거형과 같음**. 하지만 아래와 같은 차이점이 있음

   ② **자와 없음**

   ③ **e**: e로 끝나면, e 빼고 ing   예 smile - smiling

   ④ **ie**: ie로 끝나면, ie를 y로 바꾸고 ing   예 lie - lying

(3) **3인칭 단수 현재**: 일반적으로는 s를 붙이나 아래와 같은 예외를 갖는다.

① **자와**

예 study - studies

② **o: es 붙임**

예 do - does

③ **스, 즈, 쉬, 취, 쥐**: 발음이 이것으로 끝나면 es

예 teach - teaches

3) **형용사비교변화 용법**: 일반적으로는 er을 붙이나 아래와 같은 예외를 갖는다.

(1) **자와**　　　　　　　예 easy - easier

(2) **단모단자**　　　　　예 big - bigger

4) **부사 전환법**: 일반적으로는 ly를 붙이나 아래와 같은 예외를 갖는다.

(1) **y + ly: ily**　　　　예 easy - easily

(2) **le + ly: ly**　　　　예 possible - possibly

　　예외) whole - wholly

5) **명사 복수형**: 일반적으로는 s를 붙이나 아래와 같은 예외를 갖는다.

(1) **자와**　　　　　　　예 story - stories

(2) **자오**: (자음 + o)는 es　예 hero - heroes

　　예외) pianos, photos

(3) **스, 즈, 쉬, 취, 쥐**　　예 dish - dishes

(4) **f / fe**: f/fe를 v로 고치고 es　예 leaf - leaves, life - lives

PART 8

빠른 찾기

기호 / 수

알파벳

V

W

Y

한글

ㅁ

ㅂ